地域ガバナンスシステム

持続可能な都市自治体づくり
のための ガイドブック

「オルボー憲章」「オルボー誓約」翻訳所収

龍谷大学地域人材・公共政策開発システム
オープン・リサーチ・センター（LORC）
企画

白石克孝・イクレイ日本事務所
編集

公人の友社

もくじ

はしがき　白石　克孝 ……………………………………… 4

第1章　ヨーロッパにおける持続可能な都市づくりの進展
　　　　　　　　　　　　　白石　克孝 ……… 6

第2章　ローカルアクション21に向けて
　　　　―ヨハネスブルグ・サミット以降のモットー、責務、運動
　　　　イクレイ事務局長
　　　　コンラッド・オットー・ツィンマーマン
　　　　　　　　　　　イクレイ日本事務所　訳 ……… 19

第3章　オルボー憲章の13原則
　　　　―持続可能な都市づくりの枠組み
　　　　　　　　　　　白石　克孝　訳 ……… 37

第4章　オルボー誓約
　　　　―持続可能な都市づくりの取り組み
　　　　　　　　　　　白石　克孝　訳 ……… 47

第5章　持続可能な都市づくり政策評価項目
　　　　―2003年欧州持続可能な都市賞のための評価項目
　　　　　　　　　　イクレイ日本事務所　訳 ……… 57

第6章　ローカルアジェンダ21活動の評価基準
　　　　　　　　　　イクレイ日本事務所　訳 ……… 79

第7章　地方行政とローカルアジェンダ21
　　　　―ローカルアジェンダ21行政の対外的役割と内部組織
　　　　　　　　　　イクレイ日本事務所　訳 ……… 88

第8章　フューチャー・サーチ会議
　　　　―自治体のための市民参加手法
　　　　　　　　　　イクレイ日本事務所　訳 ……… 94

はしがき

　2002年に開催されたヨハネスブルク・サミットにおいて、世界の自治体は、総合的な環境計画・政策であるローカルアジェンダ21の実効性を高めるために、持続可能な開発を阻害する要因に焦点を絞り、具体的活動と成果に重点をおいたローカルアクション21運動を起こすことを決議しました。
　またEU加盟のヨーロッパ諸国では1994年以降、「欧州持続可能な都市キャンペーン」が展開されてきました。これは持続可能な地域づくりを進めていくヨーロッパ自治体の最大規模の運動になっています。本書に翻訳所収したオルボー憲章とオルボー誓約はそのマイルストーンとなっている文書です。
　イクレイ（ICLEI、International Council for Local Environmental Initiatives：国際環境自治体協議会の頭文字をとって命名されたが、現在ではICLEI：イクレイはそのままで正式名称をLocal governments for Sustainability：持続可能性をめざす自治体協議会へと変更している）は、ローカルアクション21、欧州持続可能な都市キャンペーンの中心的な推進組織のひとつとして、持続可能な地域社会づくり、その実現を担う地方自治体づくりをサポートしてきました。
　イクレイについてはそのホームページ（http://www.iclei.org）から情報を入手いただければと思いますが、現在67カ国492地方自治体が会員として加盟し、トロントの本部も含めて世界に12の地域事務所を設けています。日本事務所はそのうちの1つにあたります。
　日本では自治体の環境政策や環境計画づくりへの市民参加は進んできたものの、地域のさまざまな主体によって構成されるローカルアジェンダ21推進団体（マルチパートナーシップによる推進母体）の未発達、計画づくりから活動への移行の不十分さ、持続的発展に向けての政策統合の不足の課題が明確に

なってきています。

　もともと本ブックレットは、そうした日本の事態を変えていくために、「ローカルアクション21のための情報シート」として、イクレイ日本事務所と白石克孝がイクレイに参加する日本の自治体向けの参考資料として作成したものでした。持続可能な自治体づくり、ローカルアクション21活動のための体制づくりに参考になると思われる情報をイクレイヨーロッパ事務局が作成した研修マニュアルからいくつか選んで紹介するとともに、ヨーロッパでの持続可能な発展の概念や取り組みを理解するための基本資料と解説を加えて本書は作成されています。

　もちろんヨーロッパと日本の状況は異なりますから、ヨーロッパでの取り組みを直ちに日本に適用することはできません。しかしながら、環境政策、持続可能な都市づくりにおいて、これまで世界をリードしてきたヨーロッパの自治体の取り組みを学ぶ意義はやはり大きいと考え、本ブックレットを出版することにしたものです。基本的な構成は上記の情報シートを受け継ぎながらも、いくつかの資料を削除し、翻訳を改め、オルボー誓約を加えるなど、元の資料よりもアップデートした密度の高いものになりました。

　本書は龍谷大学地域人材・公共政策開発システム オープン・リサーチ・センター（略称ＬＯＲＣ）の研究事業成果として刊行されるものです。ＬＯＲＣは文部科学省の私立大学学術研究高度化推進事業であるオープン・リサーチ・センター推進事業の助成を受けて設置されたものです。

　本書の刊行にあたっては、ＬＯＲＣのスタッフである的場信敬さん、西原京春さんにサポートいただきました。公人の友社の武内英晴氏には、厳しい時間的制約の中で本書を編集し、刊行にこぎ着けていただきました。これらの皆さんのお名前を記して感謝の意を表するものです。

白石　克孝

第1章　ヨーロッパにおける持続可能な都市づくりの進展

白石　克孝

　持続可能性を高めるには、環境・経済・社会の3つの側面を統合した政策が求められる。これら3つの局面を統合して方向性を持たせるということは、地方政府にとっては決して簡単な課題ではない。そもそもこれら3つの側面というのは、緊張や相反する要素をもっているからである。地方政府としては、トータルクオリティの実現を目指しつつ、どうすれば政策的にも政治的にも環境の側面がリードする政策統合となるかを探っていかなければならない。

　そして持続可能性をめざす地方政府への道は、ある特定の地方政府が単独で探り得るものではない。ヨーロッパの地方政府による持続可能な都市づくり（サステイナブル・シティ）への動きは、国際的なイニシアティブ、欧州委員会によるイニシアティブ、地方政府とその連合組織によるイニシアティブが相互に重なり合いながら進められてきた。本章ではその道のりをたどっていきたい。

1　ローカルアジェンダ21とヨーロッパの取り組み

　1987年に出された「環境と開発に関する世界委員会（ブルントラント委員会）」による報告書『我々の共通の未来』は、持続可能な発展（サステイナブル・デベロップメント）を世界に向かって提起する記念すべき文章である。そ

こで「持続可能な発展とは、将来世代が自らの必要性を満たす能力を損なうことなく、現代世代の必要性を満たすような発展を意味する」という持続可能な発展の定義が打ち出された。環境と成長、世代間の公平性と世代内の公平性、という二つの「対立」について両立可能性をさぐるというアプローチは、多くの人々に受け入れられることになる。

　持続可能な発展という概念を具体的な地域政策へと展開させる契機となったのは、1992年のリオデジャネイロでの国連環境開発会議（リオ・サミット）において『アジェンダ21』が採択され、その中で短い章がさかれた第28章における「ローカルアジェンダ21」という提起による。環境問題の多くが地域に根ざしている以上、その解決にあたって地方政府が決定的な役割を果たすことになる。そこで地域から持続可能な社会をつくるための行動計画「ローカルアジェンダ21」の策定が提起されたのである。

　そもそもローカルアジェンダ21のコンセプトは、世界中の地方政府が地球サミットの取り決めを実施するための枠組みとして、1991年にイクレイ（ICLEI、International Council for Local Environmental Initiatives：国際環境自治体協議会の頭文字をとって命名されたが、現在ではICLEI：イクレイはそのままで正式名称をLocal governments for Susutainability：持続可能性をめざす自治体協議会へと変更している）によって考えられたものである。1990年に設立されたイクレイは、パートナーである各国の地方政府連合や地方自治体機関と共に、1991年〜92年のリオ・サミット準備期間中にローカルアジェンダ21がサミット文書に盛り込まれるように力を注いだのである。ローカルアジェンダ21は、イクレイの定義を援用すれば、長期的で戦略的な行動計画の準備と実施を通じての地域の持続可能な開発にむけた取り組みであり、アジェンダ21の目標を地域レベルで達成するための市民参加型、マルチセクター型のプロセスとしてとらえられている。

　リオ・サミット後、多くの地方政府は参加と行動計画を柱としたローカルアジェンダ21の取り組みを進めていった。ヨーロッパでは、政府の積極的な支援や提起もあり、すべての地方政府がローカルアジェンダ21を策定した

国もいくつか生まれた。後述するオルボー憲章の採択において必ずしも署名都市が多くなかった英国、フランスといった国々でも、ローカルアジェンダ21は都市の持続可能性への取り組みで大きな位置を占めているのである。

リオ・サミットから10年が経過したのを機にアジェンダ21の実施促進、その後に生じた課題等について議論することをことを目的に、ヨハネスブルグにて「持続可能な開発に関する世界サミット」、通称ヨハネスブルグ・サミット（リオ＋10とも呼ばれる）が開催された。イクレイはヨハネスブルク・サミットに先立って、ローカルアジェンダ21活動状況に関する国際調査を行った。その結果明らかになったのは、ローカルアジェンダ21活動への取り組み自治体数をはじめ、持続可能な都市・地域づくりや、先進的な都市政策といった点で、最も成果をあげていたのはヨーロッパの地方政府であった。ローカル・アジェンダ21を策定した全世界6500都市のうち5200都市がＥＵ加盟国に属していた。

世界の自治体リーダー、国連開発計画（UNDP）、国連環境計画（UNEP）、国連人間居住計画（UN-HABITAT）、国際保健機構（WHO）はイクレイとともにサミットの自治体セッションにおいて、ローカルアジェンダ21の次の10年間のステップとして、ローカルアクション21の開始を決議した。

ローカルアクション21は、ローカルアジェンダ21の第2期の「モットー」であり、計画作りから行動に移行し、持続的開発の進展を確かなものにするための「責務」であり、地球共有財を保全しつつ、持続可能な地域社会・都市を創造しようとするローカルアジェンダ21の「運動」を強化するものであるとして提起された（ローカルアクション21の詳しい解説については第2章を参照）。

ヨーロッパにおける地方政府のローカルアクション21を含むローカルアジェンダ21の取り組みの現況は、イタリアなどで新たな発展をみる一方で、イギリス（正確にはその内のイングランド）では政府が地方政府に求める「持続可能な地域戦略」によって事実上代替されようとしているなどの動向もある。

ローカルアジェンダ21の最初の10年間の順調な展開に比して、その次の

10年間は紆余曲折や不均等な発展に直面するかもしれない。ＥＵ加盟諸国の政権担当政党や欧州議会の構成の変化による親環境派の影響力の一時的後退、後述するようなＥＵ政策における持続可能性の３つの側面のうちの社会と経済の側面の強調が引き起こしつつある環境の側面の相対化といった事情のなかで、地方政府の主体的な取り組みがより一層重要さを増しているといえよう。

2　持続可能な都市づくり―環境総局

　ＥＵ加盟諸国においてローカルアジェンダ21の取り組みが活発に展開したのは、欧州委員会の政策における持続可能な発展の概念の導入、持続可能な都市づくりのためのキャンペーンといった、ＥＵレベルの努力が大きく寄与したものと思われる。

　1990年代以降、ＥＵでは持続可能な都市づくり（サステイナブル・シティ）が大きなテーマとして研究と実践が進められている。欧州委員会では環境総局と地域政策総局が持続可能な都市づくりへの取り組みに主として関わってきた。そしてこれと並行して、温室効果ガスの削減についてはエネルギー運輸総局が主として関わってきた。ここでは前二者の持続可能な都市づくりについて紹介する。

　環境総局は1990年に『都市環境に関するグリーンペーパー（都市環境緑書）』を発表する。都市環境緑書は現状分析や政策提言の文書ではなく、社会における都市の役割と欧州の都市化についての考察をベースにして、都市環境と都市を疲弊に追い込んでいる根源的な問題を検証しようとするものであった。

　『都市環境緑書』では、都市汚染（公害）、建造物環境、都市内自然の３つの都市環境問題をとりあげて、それらが疲弊している根源的原因を「都市型ライフスタイル」と「機能主義に立脚した時代遅れの都市計画思想」にあるとしている。その克服のために、大量生産＝大量消費＝大量廃棄の都市型生活スタイルの転換と、用途別土地利用計画－ゾーニングと道路などによる

広域交通ネットワークを柱とした現代の都市計画の転換を求める。そしてこれを単純に個別の政策に分解しないで、ともに解決する方向性——文字通りの政策統合——を近代以前の都市のあり方の中に見いだそうとしているのである。

『都市環境緑書』のラディカルともいえる内容は、持続可能な都市とは何かを考えていた人々に大きなインパクトを与え、今でも専門家の間での評価は高い。しかしながら『都市環境緑書』が欧州委員会の政策ベースとして広がっていくための政治的環境と契機が十分であるとは言えなかった。その意味では端緒というべき成果となってしまったが、1990年代が持続可能性というキーワードのもとに思考法や政策が転回していく年代になることを示した文書であった。

リオ・サミットの翌年である1993年は、マーストリヒト条約が発効した年であり、欧州委員会が積極的な政策提起と関与へとその姿勢を転換した年にあたる。リオ・サミットでのアジェンダ21の提起は、欧州委員会の持続可能性への議論と実践を大きく前に進めることになる。

1993年に環境総局は第5次環境行動計画を決定するが、これは持続可能性を前面に出した最初の環境行動計画となる。持続可能な発展のための政策目標を掲げるだけでなく、都市の持続可能性実現のための他の政策分野との統合したアプローチを強く打ち出していた。そして都市の持続可能性に関する政策は、持続可能な都市の研究と都市・町のネットワークづくりの二本柱で進められることになる（後者については後節で紹介）。

ＥＵ各加盟国の代表と外部の都市環境専門家グループによる「サステイナブル・シティ・プロジェクト」とよばれる研究事業が着手され、その成果は1996年に『欧州サステイナブル・シティ』と題した250ページにのぼる報告書として発表された。

この報告書では持続可能な発展の４つの原則が提示されている。第１は都市管理の原則で、持続可能な都市管理には環境、社会、経済にわたる包括的な対策が必要であり、都市プランは一般に認識されているよりも広範囲で強力なものとなる、と述べる。

第2は包括政策の原則で、異なる政策が協調的に包括的に効果を上げるためには、政策相互の補完性と広い意味での共同責任が必要である、と述べる。ここでいう包括性とは、持続可能性の社会面、環境面、経済面が協調的に効果を上げるための横方向の包括性と、EU、加盟国、地方自治体の各々が実施する政策が相互に矛盾しないで効果を上げるための縦方向の包括性とを指している。

　第3はエコシステムの原則で、生態系のみならず社会系も含めた二つの系として都市のエコシステムが論じられていることに特徴がある。各都市は有限な環境容量に規定されたひとつの社会的エコシステムとみなされている。ここでは、緑地などの空間の割合を増やして種の多様性を高める、都市と郊外・農村との生態系のリンクを図るなどの政策に加えて、エネルギー、資源、廃棄物の循環を都市で完結させる、都市内の交通アクセスを備えることで都市環境の改善を進める、などの政策も提起されている。

　第4は協力と連携の原則で、持続可能性は異なる組織や異なる立場の人々が相互に協力と連携をすることによって達成される、と述べる。実践や経験からの学習成果を重視し、それを広げるネットワークや連携の重要性を強調している。

　同報告書はさらに資源、交通、土地利用、市街地再生、観光など多岐にわたる論点について、それぞれ具体例を挙げながら対策を論じている。外部グループによる報告書ではあるが、環境、経済、社会を統合的に捉えて持続可能な都市像を示し、都市の持続可能性への政策にフレームワークを与えることになった。

　環境総局は1998年に出した第5次環境行動計画の総括文書において、環境行動計画、ローカルアジェンダ21の実施にむけた地方政府によるサポート活動に対しての援助を強調しつつ、都市問題に対する総合的なアプローチの発展の必要性を提起した。しかしながら2001年に公表された第6次環境行動計画においては、計画期間の10年の間に取り組む新しい手法として、(1)市民や事業者の関与を促進、(2)市場に対する環境改善の動機付け、(3)他領域の政策に

環境政策を統合、の3つが掲げられることになった。欧州の政治状況の変化を受け、政府と地方政府が主導していく発想から、市場メカニズムを活用する発想への重心の移動が見て取れる。

　第6次環境行動計画のもとで、地球温暖化、大気、自然生態系保全、水、都市環境、沿岸地域、廃棄物の7つの課題について、多くのステークホルダーを巻き込みながら、テーマ別戦略を立てることになった。これを受けて2006年には『課題別戦略〈都市環境〉』が提示された。都市環境に関する戦略について詳しく論評はしないが、これまでのような都市のあり方を論じる地点から持続可能な都市づくりについて提示しようという指向は薄れ、環境政策の一環として都市は何をすべきかという政策カタログ的な面が強くなっている。

　第6次環境行動計画の評価は分かれざるを得ない。持続可能な都市づくりが議論の段階から実践の段階に入ったから、具体的な課題と戦略に焦点をあてたということもできるが、環境、経済、社会の持続可能性の統合的実現（私はこれをトータルクオリティの実現と呼んでいる）を目指しつつ、どうすれば政策的にも政治的にも環境の持続可能性がリードする政策統合となるかという第5次環境行動計画での関心事が後退してしまっているともいうことができるからである。

3　持続可能な都市づくり　—地域政策総局

　環境総局は持続可能な都市づくりに関する研究成果や戦略の公表、都市ネットワークの支援などを通じて、各都市の取り組みを支援する政策をとってきたが、具体的な取り組みに対する資金助成は例外的な小規模なものがあるだけである。

　持続可能な都市づくりへのEUからの資金助成をともなった支援は、地域政策総局によって構造政策の中で行われている（なお以下の叙述は、2000～2006年予算期での制度・名称に基づいている）。構造政策とはEU域内の地域間

格差を是正し、結束を強化するための政策であり、条件不利地域（産業構造転換や産業喪失で苦しむ都市地域が多数存在）への支援が中心となっている。ＥＵでは共通農業政策につぐ予算規模を占めており、ＥＵの主要政策といっても過言ではない。構造政策は欧州委員会が進める共同体主導枠事業と、加盟各国政府が進めていく加盟国主導枠事業とに分けられている。予算のほとんどは加盟国主導枠事業に使われており、共同体主導枠事業は社会実験的な要素をもった事業と位置づけられている。

地域政策総局は欧州委員会が主導する構造政策事業として、1990年から第１期都市パイロット事業（ＵＰＰ）に着手し、さらに1996年から99年にかけて第２期都市パイロット事業を実施している。

都市パイロット事業は先進的な都市政策を試みたもので、計33都市で総額１億ユーロが使われた。都市パイロット事業の第１期事業では、まだ持続可能な都市の言葉は登場しないが、第２期事業においては、幅広い都市問題に対してハード面でのインフラ整備、環境・社会・経済への支援策、それらを連携させた都市戦略によって、持続可能な発展と市民生活の質の向上をもたらすような創意あるアプローチを試みることがねらいとされていた。すでに述べてきたように、ＥＵではこの時期に持続可能な都市づくりをめぐる理論、運動は大きく発展しており、その反映をここにも見ることができる。

1997年に欧州委員会は『欧州共同体における都市のアジェンダにむけて』と題する公式文書を発表した。今後の政策においてＥＵが都市によりいっそう焦点をあてて統合的な都市政策を展開することを宣言した文書である。都市の抱える諸問題の中でも「失業」と「社会的疎外（ソーシャルイクスクルージョン）」を最重要のターゲットにすることが表明されている。

同文書では、失業者の56.1パーセントは長期的失業者であり、下層の人々が社会的に排除された状態が慢性化していることが指摘されている。失業、社会的マイノリティの社会からの阻害といった欧州の都市に共通して存在している問題の克服を、社会の持続可能性としてとらえようとする視点は、その後の持続可能な都市づくり政策の柱となっていく。

社会の持続可能性ということに力点が置かれているのは、積極的なイメージで未来図を描こうとすることにつながっている。安定した安全な社会そのものの再生産という課題への取り組み、あるいはジェンダー、人種、宗教、言語、教育、障害などを理由とした社会からの疎外を克服しようとする社会的包摂をめざす取り組み、こうした社会的な諸目標を包摂した政策の上に人々と地域のエンパワーメントが描かれている。

　前述した都市パイロット事業や都市パイロット事業から発展した共同体主導枠事業であるＵＲＢＡＮは、都市の課題の解決方法を提示しようとする点では影響力は大きいものの、実際の都市政策で最も金額が大きい事業となるのは加盟国主導枠事業である。

　加盟国主導枠事業には３つの政策目的(Objective)とよばれるプログラム枠が設けられている。政策目的１は低開発地域の支援、政策目的２は経済と社会の構造転換の影響を被っている地域の支援であり、それぞれ申請対象となる地域が指定されている。これらに加えて、地域指定が存在しない、人的資源の開発をかかげた政策目的３がある。

　政策目的とよばれるプログラム枠は、地域で総合的な計画を立案することを前提にした、個別事業補助金ではない包括助成型のプログラム補助金であり、実施年度も単年度ではなく2000年から2006年にまたがったものとなっている。こうした使い勝手のよい制度によって、地域で総合的な政策を実施することが可能になっている。2000年から2006年の予算期の構造政策総予算は2310億ユーロ（1997年物価ベース）に達しており、加盟各国の地域政策の実施には欠かせない資金となっている。

　構造政策では、構造基金からの加盟国主導枠事業のための計画作成過程において、共同体主導枠事業での社会実験の成果、欧州委員会の政策を取り入れていくことになる。地域政策総局の都市政策に関する基本的な認識は、1998年に発表された『欧州共同体における持続可能な都市の発展：行動のフレームワーク』において明らかにされている。

　前年に公表された『欧州共同体における都市のアジェンダにむけて』は、

経済の将来性や雇用の安定を最優先課題として、ＥＵレベルで提唱している。経済や社会の持続可能性の面が前面に出されたために、環境の面の持続可能性をもう少し重視すべきではないかとの意見が出された。そうした指摘を受けて検討され、1998年に開催されたウィーン都市フォーラムにおいて公にされたのが『欧州共同体における持続可能な都市の発展：行動のフレームワーク』であった。

『欧州共同体における持続可能な都市の発展：行動のフレームワーク』は、これまでの都市の持続可能性をめぐる議論の到達に立って、具体的な行動指針を提起している。そこでは、(1)経済的繁栄と雇用の強化、(2)平等、社会的包摂（ソーシャル・インクルージョン）、コミュニティ再生の促進、(3)都市環境の保全と改善：地域と地球の持続可能性を目指して、(4)良好な都市のガバナンスと地域のエンパワーメントへの寄与、という４つのフレームワークに基づいて、24の行動を提起している。ここで提起されているフレームワークは、1)経済、2)社会、3)環境の取り組みが進むことで、地域社会の4)ガバナンスとエンパワーメントが実現する、という発想に立っていると解することができる。

また地域政策総局は1998年に新たに「都市監査（Urban Audit）」をスタートさせ、2000年９月にその結果を公表した。グローバルマーケット化による一面的な都市間競争に諸都市が巻き込まれていくことに危機感を抱き、58都市を対象にして、21項目にわたる比較可能、収集可能なデータを集め、質的な豊かさをデータで示そうとしたものである。これは都市のデータベースであると同時に、都市が目指すべき方向性を示す指標ともなっている。21の項目は、人口動態、住居形態に始まり、労働実態、貧困、保健、犯罪、経済、教育、大気汚染、水質、廃棄物処理、エネルギー消費、文化などにおよんでいる。

この時期の一連の地域政策総局の試みは、生活の質を測る物差しを変えようとするものであり、持続可能な都市の未来図をトータルクオリティの実現として積極的なイメージでもって描こうとするものといえよう。2000～2006

年予算期の申請の年であった1999年に地域政策総局でヒアリングした際には、政策目的1と2の運用はパートナーシップと持続可能性が鍵になるという形で、『欧州共同体における持続可能な都市の発展：行動のフレームワーク』を基底におきながら進めていくということであった。

1990年代初めに環境総局がリーダーシップをとってヨーロッパの共通都市政策としての持続可能な都市づくりへ提案を試みて実現しなかったのと同様に、地域政策総局がリーダーシップをとった共通都市政策による持続可能な都市づくりという試みは結局これも困難に直面しているのが実状であろう。

環境・経済・社会の3つの側面を統合してトータルクオリティの実現を目指しつつ、どうすれば政策的にも政治的にも環境の側面がリードする政策統合となるかは、次に述べるような地方政府のイニシアティブによって実現しなくてはならないと考える。

4　持続可能な都市づくりキャンペーンとオルボー憲章

前述したように、第5次環境行動計画のもとで、環境総局は持続可能な都市の研究と並行して、都市・町のネットワークづくりを目指して、1993年より「持続可能な都市づくりキャンペーン（European Cities & Towns TowardsSustainability）」を開始した。1994年にデンマークのオルボー市で第1回欧州持続可能な都市会議（欧州サステイナブル・シティ会議）が開催され、イクレイをはじめとする5つのＮＧＯと参加した地方政府が同意して「オルボー憲章（The Aalborg Charter）」を採択した。

オルボー憲章は3部分に分れており、第Ⅰ部では持続可能性に向けてのヨーロッパ都市のあり方についての宣言について、第Ⅱ部では持続可能な都市づくりキャンペーンについて、第Ⅲ部ではローカルアジェンダ21活動について、それぞれ考え方が記述されている。（オルボー憲章の第Ⅰ部の翻訳を第3章に収録している。）

オルボー憲章（第Ⅰ部）が掲げる13の原則は、同時期の『欧州サステイナ

ブル・シティ』における研究成果のエッセンスともいうべき内容となっている。欧州の都市自治の歴史をふまえながら、「統合的な、包括的な、持続的な仕方で意味のある問題解決を行うことのできる最小の規模」として、都市が「生活スタイル、生産、消費および土地利用のあり方を変えていく過程において、キープレイヤーとなっている」という認識に立って原則が打ち出されている。

　ヨーロッパにおける持続可能な都市づくりで常に言及されるオルボー憲章であるが、その署名都市は当初の80（1994年）から2300（2004年）に増加し、現在では持続可能性へ向けたヨーロッパで最大の地方政府のネットワークに発展している。

　オルボー会議の後には、1996年にポルトガルのリスボンで第2回会議を開催して「リスボン行動計画」を採択した。欧州持続可能な都市会議は環境総局からイクレイなどの地方政府ネットワークが運営を受け継ぎ、1998年にはフィンランドのトゥルクで北東地域会議、ブルガリアのソフィアで南東地域会議を、1999年にはスペインのセビリアで南西地域会議、オランダのハーグで北西地域会議というように、一連の地方会議を開催した。2000年に第3回会議をドイツのハノーバーで開催して「ハノーバー喚起（Hannover Call）」を採択した。

　欧州持続可能な都市づくりキャンペーンは、「ヨーロッパ持続可能な都市賞」の選定（第5章に2003年の評価項目を掲載している）、各国のローカルアジェンダ21のコーディネーターのネットワークづくり、ローカルアジェンダ21の円卓会議、ローカルアジェンダ21の策定と運営のための様々な支援、研究者と実務家の交流などにも取り組んでいる。

　このように欧州持続可能な都市づくりキャンペーンによって、各都市の取り組みの情報を交換するネットワークができ、持続可能な都市という発想が広がると同時に、より具体的な行動計画の提示や持続可能な都市像の発展など実践と研究とを結ぶ関係も形成されているのである。

　2002年に開かれたヨハネスブルク・サミット（リオ＋10）において、これ

からの10年間、アジェンダ21の実効性を高めるために、持続可能な発展の阻害要因の克服に焦点をあてて、地方自治体がローカルアクション21運動を起こすことを提起した。(ローカルアクション21運動への取り組みについては、第2章を参照されたい。)

　2004年には、オルボー＋10として、第4回欧州持続可能な都市会議が再びデンマークのオルボー市で開催された。会場で110の地方政府の代表者が「オルボー誓約（Aalborg Commitments）」に調印し、オルボー誓約は直ちに発効した。現在では400以上の地方政府が署名している。

　オルボー誓約は2004年から2014年の今後10年間の行動枠組み（オルボー・プロセス）を示すものであり、自治体が持続可能性実現の事業の目標を定めやすくするために、10の具体的なテーマを提示している（それぞれの具体的な内容は第4章に掲載したオルボー誓約の全文を参照されたい）。地方政府はこの10のテーマに対応して自らの基礎的な点検・再評価を行い、質的・量的な様々な目標を設定するという、いわばそれぞれの都市での議論ツールとして位置づけられている。オルボー誓約は今後10年間のローカルアジェンダ21の活動強化をめざすものであり、ここでもまた具体的な成果の重視が前面に出てきているのである。

　イクレイを含むヨーロッパの地方政府ネットワークが、持続可能な都市づくりキャンペーンの一環として、オールボー誓約の実践をフォローアップしていくことで同意しているように、今後もローカルアジェンダ21と持続可能な都市づくりキャンペーンが両輪となって、ヨーロッパの持続可能な都市づくりをリードしていく役割を果たしていくと考えられる。

第2章 ローカルアクション21に向けて
―ヨハネスブルグ・サミット以降のモットー、責務、運動

イクレイ－持続可能性をめざす自治体協議会
（ICLEI- Local Governments for Sustainability）
事務局長　コンラッド・オットー・ツィンマーマン
イクレイ日本事務所　訳

ローカルアクション21は
■　「持続可能な開発に関する世界サミット・自治体セッション」で決議された、ローカルアジェンダ21第2期10年のモットーであり、
■　計画作りから行動に移行し、持続的開発の進展を確かなものにするために、世界の自治体に託された責務であり、
■　地球共有財を保全しつつ、持続可能な地域社会・都市を創造しようとする自治体のローカルアジェ

> 自治体の責任ある関与
> 6　我々はアジェンダ21に関して重大な責任をもって関与することを再確認する（中略）今後10年でローカルアジェンダ21の成功に基づき、ローカルアクション21のキャンペーンとプログラムの実施を促進することにより、地球共有財を保護しながら持続可能な地球社会と都市を創造すること。
>
> 政府への要求
> 8　我々が政府に要請することは（中略）ローカルアクション21を支援するために、地域の持続可能な開発プランニングと、地球共有財保護に対する国家キャンペーンを立ち上げ、支援すること。
> 持続可能な開発に関する地球サミットに向けた自治体宣言（2002年ヨハネスブルグ）

ンダ21運動を強化するものである。

　ヨハネスブルグで開かれた「持続可能な開発に関する世界サミット・自治体セッション」に参加した、世界の自治体指導者、国連開発計画〔UNDP〕、国連環境計画〔UNEP〕、国連人間居住計画〔UN-HABITAT〕、国際保健機構〔WHO〕代表はイクレイとともにローカルアジェンダ21の次期10年間のステップとして、ローカルアクション21の開始を決議した。ヨハネスブルグ後の10年間、世界の自治体がアジェンダからアクションへの移行に努力する際、ローカルアクション21は、地球共有財を保全しつつ、持続可能な都市・地域社会の創造への転換を進めるための、モットー、責務、運動の役目を担うであろう。これは、国連のローカルアジェンダ21、リオ合意、ハビタット・アジェンダ、ミレニアム宣言に応えて、自治体が現在取り組んでいる努力を支えるものになろう。

　イクレイが他の自治体連合組織とともに行ったサミット前2年間の自治体準備過程で、持続的発展に向けた地域の参加型行動計画作りには、非常に大きな進展があったことが明らかになった。ローカルアジェンダ21の取組みは世界全体で6,400を数え、多くの行動計画が生み出されたが、計画段階での苦労が実行を遅らせ、あるいは他の課題に人々の関心が移ってしまう懸念も起こってきた。しかしローカルアクション21の戦略は、次の10年間の地域行動計画をしっかりと組織的に遂行させるであろう。

　地域社会や都市の持続性を高めるために、地域社会の巻き込み、利害関係者の参画、合意形成等の政治的風土は引き続き形成、強化、維持しなければならない。これは従来世界共通のローカルアジェンダ21プロセスが焦点としてきたものであり、行動計画作りを通して、地域のヴィジョン、優先課題、行動のための具体的目標や達成指標が決められてきた。

　自治体が効果的実行と促進の10年に入ることを決意した現在、ローカルアジェンダ21がローカルアクション21の段階に進むことは、どのような意味を持つであろうか。

まず第1に、一般的な計画作りを越えて、持続性の障害となっている特定の要因（貧困や不平等、疎外や紛争、健康を害する環境、脆弱性や不安定等）排除に取り組もうとする地域社会を支援する意味を持つ。積極的に「持続可能な都市・地域社会づくり」に取り組むことによって、進むべき道筋を見出すことができる。

　第2にローカルアクション21は、都市や都市住民に甚大な被害を及ぼす世界的な資源の枯渇や環境劣化を防ぐであろう。「地球共有財（気象、水、土壌、食料、生物多様性等）を守る」ことによって、進むべき道筋を見出すことができる。

　第3にローカルアクション21は、持続的発展のための計画実行を確固としたものにするであろう。自治体の持続可能性管理や、地域のガバナンスにおける原則、政策、実践やメカニズムを定着させることによって、進むべき道筋を見出すことができる。

I　持続可能な都市・地域社会づくり

　ローカルアクション21は、持続可能な都市・地域社会を創るための課題の絞込みを必要とする。最も効果的な行動は、個々の地域の優先課題に焦点を当てることである。まずローカルアクション21が取り組むべきこととされた4分野は：

(1)　活気ある地域経済

　国連ミレニアム開発の第1目標に対応し、貧困撲滅をめざす。不平等な構造のままでの貧困削減は不可能であることから、内外直接投資を支援する枠組みの構築や最新技術の導入促進、地元企業家精神の喚起、地元製品の多様化や市場アクセス改善等が等しく重要である。官民パートナーシップは推進力になるかもしれない。教育や職業訓練を通して意識的に地域人材開発を行うことが基本的要件である。

　都市で生活をしている世帯の4分の1から3分の1は貧困に瀕している。6億5,000万人の都市居住者は貧困と環境悪化などによって生命を脅かされる生活状況で暮らしていると推定され、2025年までにその数は2倍になると予想されている。[1]
　今日、30兆米ドルの世界経済力があるなか、12億人は1日1米ドル以下での生活にいまだに苦しんでおり、少なくてもその内の半分は子どもたちである。[2]
　貧困こそが健康に害を与える決定的な大きな原因であり、世界の死亡率を高める最大要因である。[3]
　現在の状態が続けば、今後10年で、都市の貧困増加をみることになるであろう。[4]
　仕事を求め都市中心部への移住は大都会の失業率を既に高めている。都市の雇用創出には、工業分野とサービス分野の雇用を早急に増やすために多大な投資が必要となる。最近の雇用創出は仕事の質を犠牲にしていることがよくある。ラテンアメリカの80%から90%ほどの新しい雇用は、低賃金、悪い労働条件、そして雇用保障が悪いことに象徴される非公式分野である。また、アフリカの都市ではこのような非公式分野は60%にまでになっている。[5]
　持続可能な開発に関する世界サミットで、世界の首脳たちは、2015年までに1日の収

入が1米ドル以下の人口と飢餓で苦しんでいる人口を半分にすることに同意した(ミレニアム開発目標の再確認)。

(2) 公正、平和で安全な地域社会

平和のための基盤をつくり、暴力を防ぎ、緊張を和らげる地域社会の能力と持続性の社会的側面に対処する。ローカルアジェンダ21手法(地域社会のヴィジョンや目標へのコンセンサスづくり)は、持続的発展の障害となる社会的対立の緩和に役立つ。公正で平和な地域社会は、多くの場所に存在する不平等やジェンダー、社会的疎外の問題を乗り越え、これをもって貧困削減と活気ある地域経済の発展を支える条件を整備する。

1990年から1999年の間、内戦や民族/宗教/社会的衝突が原因の武力紛争で、1億6,300万人が死傷、もしくは被害を受けている。さらに、およそ1億人がホームレスとなっている。[6]

アフリカでは紛争や市民戦争によって、950万人以上が難民となり、数十万の人々が殺された。[7]

コンゴ民主共和国では、1998年8月に始まった戦闘によって約2,500万人が亡くなったと推定される。その大半の死因は、戦争による栄養失調や病気となっている。今日、人口の33%は社会的弱者にある。コンゴ紛争が原因で起こっているその他の被害として次のものが挙げられる:200万人以上の国内難民、1,600万人の食糧不足、人口の45%は安全な飲み水が断たれている、少なくても人口の37%(約1,850万人)がきちんとした医療を受けられていない、こどもたちの40%は、学校へ通えていない。[8]

2001年コロンビアでは、300人以上が行方不明になり、国民4,000人が戦闘以外で殺されている。そして1,700人が武力抵抗組織と民兵組織によって誘拐されている。何百もの虐殺(軍が支援している民兵組織の大半)が報告されている。30万人以上の国民が強制的に家を追われている。[9]

北アイルランドでは、30年にわたる紛争によって3,600人が殺されている。[10]

スペインの34年間のバスク州独立運動では「バスク祖国と自由(ETA: Euskadi Ta Askatasuna)」が800人以上の死者に対する犯行声明をだしている。[11]

(3) 環境効率性の高い都市

大気の質やエネルギー効率、総合的水資源管理、廃棄物管理、エコ・モビ

リティー等に関連する環境課題に対処する。自然資源の効率的利用や、化石燃料から様々な形態をとる太陽エネルギー（再生可能エネルギー）への転換を進めることによって、地域社会や地域経済に、より住み易く安定した環境を長期的に提供することができる。環境効率性の高い都市は、将来の地球環境資源状態への対応をより進めた都市である。

自動車、工業過程、廃棄物処理過程、有害物や殺虫剤と化学肥料の過剰使用の全てから、有毒物質が大気、食品、水に放出されている。重金属や難分解性有機汚染物質（POPs）はこの10年間で減っておらず、植物・魚・動物・人間に蓄積され、有毒だとして大きな問題とされている。12 POPsは、至るところ（食料、土壌、空気、水）で見つかっている。害を及ぼすPOPsの量あるいはそれに近い量が地球上の野生生物や人間の体内に存在している。13

概算によると世界の病気の3分の1は水や大気の汚染などの環境悪化が原因となっている。14

途上国では都市の大気汚染が原因で毎年50万人以上が早死にしている。そして、およそ2％のGDP（国内総生産）に相当する対策費が必要となっている。

また、その額は、多くの都市のGDPの10％から15％に相当する。15
種の喪失やエコシステムの破壊は、人々の健康に影響を与える複雑な環境をつくり出している。

これを受けて、今日、世界の政府と社会では、空気と水の浄化、そして、土壌の肥沃の維持、洪水や旱魃の緩和、廃棄物の無毒化と分解、大気中の必要不可欠な気体と水蒸気の一定の濃度の維持、そして、地上の病原菌の抑圧に対して問題意識をもっている。16

シカゴの木々は、年間5,575トンの大気汚染を取り除き、900万米ドル以上相当の空気洗浄効果があると推定されている。バルティモア州/ワシントンDCあたりの都市の森林は、年間1,700トンの汚染物質を取り除いており、これは8,800万米ドル相当のサービスに匹敵する。17

---

(4) 回復力のある地域社会と都市

自然あるいは産業災害、経済危機等、予期せぬ出来事に対応できる地域社会の構築と、都市インフラ整備を行う。都市の回復力は、災害や危機の被害を最も受ける貧困層の生活改善にプラスのインパクトを与えることができる。投資は低リスクの場所を求めるため、回復性を高める都市管理は、投資条件

を改善し、活気ある地域経済を創造することができる。

- 1990年代に20億以上の人々が災害にあっている。18
  災害はより頻繁に起こり、より深刻になっている。1990年代に災害の数は3倍になっており、対策費にすると9倍となっている。19
  地震やハリケーンやその他天災などが起こりやすい地域に多くの都市があつまっている。世界規模でこのような危険度の高い地域での都市化が進んでいることは、脆弱性を増すことになる。20

世界の3分の1の経済的打撃、死者の半分、そして70%のホームレスの原因は洪水である。被害を与える洪水の頻度は増えてきており、より深刻になってきている。洪水は、コレラやその他の水や食品から広がる伝染病の主因となっている。21

洪水とは、まさに人々が悪化させている災害である。浸透性の悪い地表で覆っている都市化そのものが洪水のリスクを増やしている。流域の50%で都市化が進むと100年に1度起こっていた洪水が5年に1度の頻度になる可能性がある。22

1998年のハリケーン・ミッチは、中央アメリカで1万人の死者をだし、85億米ドルの損害（最も被害にあった2ヶ国のホンジュラスとニカラグアのGDPを併せた以上の額）をもたらした。暴風雨は、ホンジュラスの人口の半分をホームレスにさせ、70%の人々は安全な水が断たれた。そして、70%以上の穀物が破壊された（農業は、輸出収入の半分を占めていた）。ハリケーン・ミッチがこの地域の発展を20年前のものに戻したと国連はしている。23

1995年に起こった地震で、神戸市では4,500人以上の死者とおよそ1万5,000人の負傷者を出した。6万7,000件以上の建物が崩壊した。水や交通機関などのインフラが機能しなくなった。

1984年のインドのボパール災害では、8,000人の死者と5万人の負傷者を出した。24

2001年のツールーズ（フランス）の化学肥料工場（フランスで危険度が高いとされる1,250工場の1つ）の爆発によって、31人が死亡、2,442人が負傷した。500世帯以上が住めなくなり、85の学校や大学が被害を受け、電話線が切断され100km範囲の回線に損害を与えた。25

平均1米ドルを防災のために投資すると災害復興費7米ドル分を抑えることができる。26

イクレイは、これらの分野に取り組む世界の自治体を支援する。

Ⅱ　地球共有財を守る

　持続的発展は、持続可能な地域社会や都市づくりのための包括的アプローチを必要とする。人々が暮らしていくのにふさわしい都市に向けてのあらゆる政策、計画もしくは行動は、同時に、人々が依存して生きているところの地球共有財を守るものであらねばならない。大気、気候、水、土壌、生物の多様性、健康、食料等が、自治体が保全を決意した地球共有財である。

　自治体はローカルアクション21を通して、いわゆるWEHABアジェンダの実行に寄与する。コフィー・アナン国連事務総長（2002年5月17日演説）によれば、この頭文字は具体的結果が重要かつ実現可能な5分野を示すものである：

Water and Sanitation　（清潔な飲料水を入手できない少なくとも10億人と、衛生設備のない20億人の人々に、これらへのアクセスを確保する）

Energy　（近代的なエネルギーサービスを受けていない20億人以上の人々へのアクセスの確保、再生エネルギーの推進、過剰消費の削減の促進、気候変動に対処する京都議定書を批准する）

Health　（有害物質や危険物質の影響に対応し、毎年300万人を死に至らしめている大気汚染を減らし、汚染された水や貧弱な衛生状況と関係のあるマラリアとアフリカギニア虫症の発生率を低下させる。）

Agricultural production　（世界の農業生産の約2／3に影響を与えている土地劣化を防ぐ。）

Biodiversity and ecosystem management　（世界の半分の熱帯雨林やマングローブを破壊し、世界の70％のさんご礁を脅かし、漁業に打撃を与えている状況の進行を止める。）

　自治体は既に、地球共有財の保全やWEHABの目的達成に取り組む多くの国際キャンペーンやプログラムに参加している：

地域の気候変動防止と大気汚染防止活動

イクレイのCities for Climate Protection（CCP、気候変動防止都市）キャンペーンは、世界の550以上の自治体とともに温室効果ガス排出量や大気汚染防止に取り組んでいる。参加都市のCO_2排出量は世界の10%の排出量に相当する。参加都市の取組みは、地球の気候を保護するだけでなく、地域社会の生活の質の向上をもたらし、WEHABのエネルギーと健康の課題解決に貢献する。CCPは、排出量の算出、削減目標の設定、対策の実行と達成度の監視を行うための戦略的な枠組みや手段を自治体に提供している。

この他 Climate Alliance（気候連盟）等の気候保護プログラムやネットワークにも、自治体が参加している。

CCPは地域のレベルでの目標達成を支援するという明確な目的を持ったキャンペーンであり、これによって都市は、国が行うUNFCCC（国連気候変動枠組条約）の目標達成に寄与している。イクレイのキャンペーン手法や経験は、自治体の能力構築を助けて多国間環境協定（MEAｓ）の効果的実行を支える。よって、MEAのUNDPの「Capacity21プログラム」の主要な活動を支える。

世界の10億人以上が都市に住んでおり、その大気汚染は健康基準を超えていると推定されている。27

自動車交通が何よりも多くの大気汚染を引き起こし、過密都市の交通は酸化窒素と炭化水素の80%から90%の発生の原因となっており、煤塵の大部分を占めている。28

最近の調査で、途上国の6都市では環境影響による社会負担は、38億米ドルかかるとしている。その内の68%は健康対策だとみている。29

バングラデッシュでは、ダッカ市、チッタゴング市、ラージシャール市、そしてクルナア市の大気汚染を緩和すれば、年間1万5,000人の死者を回避でき、2億〜8億米ドルの蓄えができるとされている。30

水に関連する地域の活動

イクレイの水キャンペーンは、自治体に水管理のための枠組みを提供し、

特定の目標達成のために、自治体事務、都市コミュニティー、流域単位での水関連行動の必要性を明示している。水キャンペーンは、一連の達成指標を基礎に置き、自治体が直面している水資源管理のシステマティックな課題の抽出や評価に働きかけている。水キャンペーンは、WEHABの水と公衆衛生、および健康の課題解決に貢献するものである。

およそ2億2,000万人の都市居住者、または、世界の13％の都市居住者には、安全な飲み水が確保できていない。この2倍の人口においては、下水設備が整っていない。31
2000年時点で、アジアの35％の都市にしか下水設備がなく、南米は14％、そして、アフリカでは極くわずかな割合でしかないと報告されている。32
上水道が整備されていない国の人々は40才前に死亡する傾向にある。33
20世紀、世界的には生活用水と産業用水の利用の伸びは24倍で、一方、農業用水利用の伸びはわずか5倍である。34
地球の水資源のわずか1％だけが人間が利用できる淡水である。35
持続可能な開発に関する世界サミットで、2015年までに安全な飲み水がない人口を半分にすること、そして、2015年までに基本的な下水設備がない人口を半分にすると、世界の確約をとった。

土地と土壌に関する地域の活動

自治体は、土地利用管理や土壌保全のためのプログラムやキャンペーン、ネットワーク作りを開始した。イクレイヨーロッパの土壌ネットワーク、Soil and Lands Alliance of European Cities and Towns（ヨーロッパ土壌・土地都市連盟）があり、国際的な砂漠化防止都市プログラムも提案されている。これらの活動は、WEHABの農業生産の課題にもある程度貢献する。

2億5,000万人以上の人々が、砂漠化の影響を直に受けている。100ヶ国に住む10億人は、砂漠化によって危険にさらされている。砂漠化と森林破壊は、地球の地表の40％にあたる乾燥地域、半乾燥地域、そして温潤地帯を深刻に脅かしている。36
アフリカの土地の衰退は経済的、肉体の生存を脅かしている。砂漠化が進むと、マリとブルキナファソの人々の6人のうち1人は衰退した土地を去らざるを得ない。およそ1億3,500人が環境難民になる危機に瀕している。37
砂漠化によって、次のことが起こる：土壌生産性の減少、植物全体への打撃、食用植物の消滅、洪水の増加、水質の悪化、堆積物、風、砂による眼伝染病や呼吸器疾患などの健

康問題、食糧生産の低下、強制移住に伴う生活の損失。38
　「現在、研究者たちは、世界中の土壌、特に熱帯地域の土壌には、地上に生存する種以上の未発見の種が多く存在すると理解している。この未発見の種の研究によって、大きな恩恵、そして、持続可能な発展と貧困撲滅を実施するさらなる知識が約束される。」－ Klaus Töpfer, Executive Director of the UN Environment Programme

生物多様性に関する地域の活動

多くの都市が、意識的に土地利用や緑地管理を通して生物多様性に取り組んでおり、自治体の国際的なプログラムやキャンペーンはまだ始まっていないが、WEHAB 生物多様性・エコシステム管理の課題に貢献している。

1970年以来、地球上の3分の1の生物多様性が失われているとされている。39
　自然界の速度の50倍から100倍の早さで、野生動植物の種が消滅していっている。40
　生物多様性の減少は、薬、役立つ遺伝物質、エコ・ツーリズムの収入を失うことになる。また、生態系の生産性の基盤をも脅かす。41
　都市化は植物帯の構造と構成を変え得る。それによって、その土地固有の植物が外来植物に取って代わる。例えば旧西ベルリンでは、現在、確認されている1,400以上の植物種のおよそ40%は外来植物で、在来植物の60%は絶滅危惧に瀕している。42

健康に関する地域活動

Healthy Cities network（健康都市ネットワーク）は、都市における健康を守る活動をWHOと密接に協力して行ない、より高度な健康都市をめざしてWHOがつくっているネットワークである。第2フェーズ（1998－2002）において、2001年12月までに既に25カ国46都市が加入し、新たな都市の参加申し込みもある。WEHAB 健康課題に貢献する活動である。

ローカルアクション21において、イクレイを始め、他の自治体連合組織やWHOが実行している地球共有財を守るための自治体キャンペーンは全て、この運動を強化する。

「町や市に住む人々の健康は、その生活そして労働条件によって大きく決まる。それら条件とは、物理的・社会経済的・環境の質と福祉サービスの質と利用しやすさである。」-World Health Organization Healthy Cities 43

　急激で無計画な都市化は有害な環境をつくり出し、病気負担が大きくなる。健康問題は、様々な原因から起こる。例えば、大気や水質の悪化、不十分な下水設備、都市の密集化などである。格差は都市間や都市内部でもある。44

　年間1億人が都市の大気汚染が原因で亡くなっている。45

　途上国の国内総生産から何十億米ドルが病気のために費やされている。46

　エイズは、現在、世界で第4番目の大きな死因となっている。少なくても世界の3,600万人がエイズにかかっている。その内の2％未満のみが治療を受けることができている。47

　上水道設備、家庭用電力、住宅供給、ベクトル制御、そして汚染管理などの対策をとることにより、サハラ以南のアフリカの病気の29%まで防ぐことができる。環境リスクによる病気を対象とした医療機関の介入によって、28%さらに防ぐことができる。48

Ⅲ　地域の統治と管理のための原則、政策、実践およびメカニズム

　プログラムやキャンペーンは、持続可能な社会に向けての活動開始や方向付けの効果的な牽引力になり、発展の支えとなる。しかし持続可能な社会づくりは、行動計画の長期的かつ継続的な実行が必要である。活動のうねりを、日常活動の一環にしなければならない。ローカルアジェンダ21は理想的には、多数派政党の交代から切り離され、通常の自治体業務の一部になるべきである。このためには、自治体の政策決定における基準や原則を導入し、自治体マネージメントをコントロールする手法や適切な政策、情報を定着させる戦略が必要である。

■ ローカルアジェンダ21：
　地域社会を構成する全てのセクターを巻き込み、持続可能性に向けての地域の行動予定（長期行動計画）のコンセンサス作りをすることは、1992年リオ地球サミット以降の、世界の自治体の責務である。持続可能な地域発展のための参加型行動計画策定は、数千の自治体の動きに広がった。ヨハネスブルグ・サミット後の10年間、ローカルアジェンダ21と参加型ガバナンスの原則（民主主義、協議、透明性、説明責任）は、これらの強化や展開を目的として引き続き推進する。原則や、最良の戦略事例、実施手法や手段を引き続き提供する。

■ 地球憲章、メルボルン原則：
　持続可能な開発を促進する総合的政策決定のための原則や基準を提供している。イクレイ会員は行動原則として地球憲章を是認した。またメルボルン原則を支持し推奨している。

■ グリーン購入・グリーン投資：

持続可能性目標達成に向けて、自治体の日常活動を方向づけるもの。イクレイのエコ・プロキュアメント・イニシャティブは、ヨーロッパを手始めに、自治体に対して購入ネットワークと各種事業への参加を呼びかける、成果重視キャンペーンである。

■ 環境予算：

イクレイが開発したエコ・バジェット（ecoBUDGET(r)）モデルは、財務予算と並行するメカニズムを作り、定期的（年度毎）目標設定や管理、報告を通して、環境の質と自然資源の利用の継続的コントロールを可能にするものである。トリプル・ボトムライン報告は、社会面、経済面、環境面での業績情報を提供し、自治体の政策決定者や管理者の説明責任を支援する。イクレイの国際持続性管理プログラムは、自治体管理手法の分野での革新をもたらす。研究開発あるいはパイロットプロジェクトや経験交換に参加するよう、自治体に対して呼びかけが行なわれている。

イクレイは、持続性管理のためのメカニズム、実施、政策、ガバナンス原則の導入や適用のための自治体の能力育成を支援する。

ヨハネスブルグ宣言

ヨハネスブルグ・サミット2002に集まった世界の自治体首長や代表は、ヨハネスブルグ宣言を採択した。宣言は次のように述べている。「我々、世界中の自治体政府は、現状が公平、公正、正当でないことを認める。…我々は、政治的関与なくしては何も達成されないことを認識している。従って我々は、貧困の根絶、先進国と開発途上国との不均衡の是正、そして世界の根本的な再構築に対する確固たる関与を固く誓う。我々はまた、極めて実用的且つ現実的な行動計画の立案と、ローカルアクション21プログラムを通じた行動計

画の実行及び目標の達成を誓う。…行動すべき時は今である。この機会を逃さないようにしよう。次の機会はもうないかもしれない。」

　イクレイは引き続き、全ての自治体がローカルアジェンダ21に取組み、市民や利害関係者と共同で持続的発展のためのヴィジョン、目標、行動計画づくりを行うことを推奨する。ローカルアジェンダ21の合意を成立させた後、その努力を継続させ、起こりがちな「ローカルアジェンダ21疲れ」を回避するためには、イクレイ、自治体、市民、利害関係者がLocal Action21戦略を採用し、

　①地域の持続可能性の障害を取り除き、
　②地域の行動から地球規模の利益を生み出し、
　③持続的発展の実行を確固としたものにする
　ことを推奨する。

Ⅳ　ローカルアクション21支援、モニタリングおよび報告

　ローカルアクション21は、自治体の挑戦と、政府や国際機関による自治体の努力への支援を促進するであろう。

　イクレイローカルアクション21担当窓口は：
ICLEI World Secretariat
Toronto, Canada
Tel: +1-416/392-1462
Fax: +1-416/392-1478
E-mail: LA21@iclei.org
Web: www.localaction21.org

1. UN Centre for Human Settlements, Implementing the Habitat Agenda, 2001, London, p.3.
2. United Nations, Report of the Secretary General on We the Children, New York, 2001.
3. Healthy Cities Network, World Health Organization <www.who.dk/healthy-cities>
4. The Panos Institute, Governing Our Cities, 2000, London, p.6.
5. World Watch Institute, news release dated 2 September 1999.
6. UN Centre for Human Settlements, Cities in a Globalizing World, 2001, London, p.182.
7. U.S. Committee for Refugees, Reports <www.refugees.org>, 2002.
8. Figures based on reports from Oxfam, UN Office for Co-ordination of Humanitarian Affairs(UNOCHA) and the International Rescue Committee, including A Forgotten War - A Forgotten Emergency: The Democratic Republic of Congo, Ofxam GB Policy Papers, December 2000.
9. Amnesty International, Amnesty International Report 2002.
10. Sabdro Contenta, Loyalists gun down their own, Toronto Star, Dec.8, 2002.
11. Guardian Unlimited, August 28, 2002, < www.guardian.co.uk/theissues/article/0,6512,780872,00.html >
12. UNEP, UNICEF & WHO, Children in the New Millennium: Environmental Impact on Health, 2002.
13. Clifton Curtis and Tina Skaar, Ubiquitous and Dangerous, UN Environment Programme, Our Planet - Chemicals and the Environment, 2002
14. Op. cit. UNEP, UNICEF & WHO.
15. World Bank Clean Air Initiative < www.worldbank.org/wbi/clenair/index.htm >
16. Op. cit. UNEP, UNICEF & WHO.
17. World Resources Institute, World Resources 2000-2001, People and Ecosystems, p.142
18. Op. cit. UN Centre for Human Settlements, p.182.
19. Geoffrey Lean, At a Glance: Disasters, UNEP Our Planet - Disasters, 2001.
20. Op. cit. UN Centre for Human Settlements, p. 184.
21. Janet Abramovitz, Averting Unnatural Disasters, State of the World 2001, p.125
22. Op. cit. Janet Abramovitz, p. 132
23. Op. cit. Janet Abramovitz, p. 123
24. Op. cit. Geoffrey Lean.
25. UNEP, Ammounium Nitrate Explosion in Toulouse France, 2001 < www.uneptie.org/pc/apell/disasters/toulouse >
26. Op. cit. Janet Abramovitz, p.124
27. Op. cit. UN Centre for Human Settlements, p.103
28. Op. cit. UN Centre for Human Settlements, p.131
29. Op. cit. World Bank Clean Air Initiative Website
30. Op. cit. UNEP, UNICEF & WHO.
31. Op. cit. UN Centre for Human Settlements, p.14
32. World Health Organization, UN Children's Fund, Global Water Supply and Sanitation Assess ment, 2000
33. UN Centre for Human Settlements, State of the Worlds Cities, 2001, p.44
34. Op. cit. UN Centre for Human Settlements, Cities in a Globalizing World, p.114.
35. Ibid
36. Op. cit. UNEP, UNICEF & WHO.
37. Ibid
38. UN Secretariat of the Convention to Combat Desertification < www.unccd.int/main.php >
39. World Wildlife Fund, Living Planet Report 2000.
40. Klaus Töpfer, Editorial, UN Environment Programme, Our Planet -Biological Diversity, 2000.
41. World Resources Institute, World Resources 2000-2001 People and Ecosystems, p.51
42. Ibid., World Resources 2000-2001 People and Ecosystems, p.142

43 Op. cit. Healthy Cities Network website.
44 National Center for Environmental Health, Centers for Disease Control < www.cdc.gov/nceh/default.htm >
45 Ian Johnson and Kseniya Lvovsky, Double Burden, UN Environment Programme, Our Planet-Poverty Health and the Environment, 2001.
46 World Health Organization, World Health Report 2002 - Reducing Risks, Promoting Healthy Life 2002
47 Ibid. (Also: Joint UN Programme on HIV/AIDS)
48 Ibid.

第3章　オルボー憲章の13原則
　　　　―持続可能な都市づくりの枠組み

白石　克孝　訳

　オルボー憲章（Aalborg Charter）は、ＥＵの執行府である欧州委員会とオルボー市（デンマーク）が共催し、イクレイが会議を運営した「第1回欧州持続可能都市会議」（1994年5月）において、600名以上の参加者による討議を経て、決定されました。各都市はこの憲章に署名することにより、ローカルアジェンダ21活動の開始と、持続可能性に向けた長期的な計画立案と実行を公約することになります。

　憲章の制定とともに、「欧州持続可能都市キャンペーン（European Cities & Towns Towards Sustainability）」が欧州委員会の支援の下に立ち上げられ、イクレイを初めとする5つの都市ネットワーク組織が、オルボー憲章の精神に基づく都市づくりを支援することになりました。またオルボー憲章に署名した自治体は、自動的に欧州持続可能都市キャンペーンに参加することになります。

　当初80自治体から始まったオルボー憲章署名都市は、2004年現在2300自治体に広がり、持続可能な発展とローカルアジェンダ21のための、ヨーロッパ最大の自治体イニシアチブになっています。

　オルボー憲章は3つの部分に別れ、第Ⅰ部が持続可能性に向けてのヨーロッパ都市のあり方についての宣言、第Ⅱ部が「欧州持続可能都市キャンペーン」について、第Ⅲ部はローカルアジェンダ21活動について記述されています。持続可能性の理念の下での都市の未来像はどのようなものか、そ

もそも持続可能性とは何か、多くの人々によって様々な解釈が行われ、人々の期待も異なっていることがしばしばです。ここではヨーロッパの都市づくりに持続可能性概念を導入する際の基本原則となったものとしてオルボー憲章第Ⅰ部を訳出しました。

　なお邦訳に当たって、「都市」と表記していますが、原文では「都市と町（cities and towns）」という言葉が使われています。欧州における都市や町の人口規模は日本に比して相対的に小さく、オルボー憲章に署名している自治体には日本で言えば「村」になるような人口規模のものもあります。この点を是非とも念頭において読んでください。

（白石　克孝）

オルボー憲章（第Ⅰ部）合意宣言
：持続可能性に向けた欧州都市

Ⅰ.1　ヨーロッパの都市の役割

　我々のまちは、歴史の変遷において、異なる帝国の統治下で、異なる国民国家の統治下で、あるいは異なる体制の統治下で存在してきたし、そしてそれらの統治制度よりも長い時間を生き続けて、社会生活の中心として、経済の担い手として、また文化、遺産及び伝統の保護者として生き抜いてきたことを、この憲章に署名する我々ヨーロッパの都市は表明するものである。家族や隣人と共に、まちは、我々の社会と国家の基本要素であり続けてきた。まちは、産業、工芸、交易、教育そして政治の中心であり続けてきた。

　我々の現在の都市型生活様式、特に分業と職務分化、土地利用、交通運輸、工業生産、農業、消費および娯楽活動の現代の様式、そしてそれ故の現代の生活水準は、人類が直面している多くの環境問題に対する根源的な責任を我々に帰している。ヨーロッパの人口の80パーセントが都市部に住んでいることから、このことはとりわけ実際的な意味がある。

　今生きている全ての人々が、ましてや将来世代の人々が、自然資本を破壊することなく、工業諸国における現在の資源消費レベルに到達できるものではないことを我々は学んでいる。

　この地球における持続可能な人間生活は、持続可能な地域社会なしでは実現できないということを我々は確信している。地方政府は、環境問題が感じ

られる所に近く、そして市民に最も間近にあり、またあらゆるレベルにおいて、人類の福利と自然保全に対する責任を政府と共有している。それゆえに都市は、生活スタイル、生産、消費および土地利用のあり方を変えていく過程において、キープレイヤーとなっているのである。

I．2　持続可能性の概念および原則

持続可能な発展という理念は、我々の生活水準を自然の環境容量に基づくものにする助けとなると我々都市は理解している。我々は、社会的正義、持続可能な経済、環境の持続可能性を実現すべく追求する。社会的正義は必然的に経済の持続可能性と公平性—そしてこれらは環境の持続可能性を必要とする—に基づかなければならないであろう。

環境の持続可能性は自然資本の維持を意味する。我々が消費する再生可能な原料、水、エネルギー資源の程度が、自然の諸システムがそれらを補充することが可能な程度を超えないことを、そして我々が消費する再生不可能な資源の程度が、持続可能で再生可能な資源によって代替される程度を超えないことを、環境の持続可能性は我々に強く要求している。また、環境の持続可能性は排出された汚染物資の程度が、大気、水、土壌による吸収と処理の能力を上回ってはならないことを意味する。

さらには、環境の持続可能性は、生物多様性や人類の健康を維持することだけでなく、人類の生命と福利に加えて動植物の生命をも恒久的に支えるのに十分な水準に大気、水、土壌の質を維持することを課している。

I．3　持続可能性に向けた地域戦略

都市というものは、現代世界にダメージを与えている建築、社会、経済、

政治、天然資源や環境といった都市の様々な不安定性に対して、初めから対処することができる最大の単位であるということを、また統合的な、包括的な、持続的な仕方で意味のある問題解決を行うことのできる最小の規模であるということを、我々は確信している。各都市は異なるため、我々は持続可能性に向けてそれぞれ独自の道を見つけなければならない。我々は、持続可能性の諸原則を我々の全ての政策に組み込み、都市のそれぞれの強みを地域にふさわしい戦略の基礎に据えていく。

Ⅰ．4　創造的な、地域的な、均衡探求的な過程としての持続可能性

我々都市は、持続可能性とはヴィジョンでも変化のない状態でもなく、地域での意思決定の全分野に及ぶ創造的な、地域的な、均衡点を探し求めるような過程であると認識している。そうした過程としての持続可能性は、どのような活動が都市の生態系をバランスの取れたものにするのか、あるいはそのバランスを失わせるかについて、継続的なフィードバックを都市マネジメントに提供する。そうした過程を通して収集された情報の上にたって都市マネジメントを行うことで、都市がひとつの有機体として機能していることがわかり、すべての重要な活動の効果が明らかになる。そうした過程を通して、都市とその市民は情報に基づいた選択を行えるのである。持続可能性に根ざしたマネジメント過程を通して、現在の利害関係者の利益のみでなく、将来世代の利益をも代表した意思決定を行えるのである。

Ⅰ．5　外部との調整による問題解決

我々都市は、諸問題をより広い環境あるいは将来に波及させてはならないと認識している。したがって、すべての都市内の問題や不均衡の解決は、それぞれの都市レベルで均衡に向かわせるか、地域ないし国家レベルといったより大きな単位で処理するか、どちらかによらなければならない。これが外

部との調整による問題解決の原則である。この原則の実施においては、各都市にその活動の性格を決める大きな自由が与えられる。

Ⅰ.6　持続可能性に向けた都市経済

大気、土壌、水、森林といった自然資本が都市の経済発展を制限する要因となってきたことを我々都市は理解している。我々はそれゆえにこの資本に投資しなければならない。優先度順に必要なことをあげると、

- 地下水の貯水量、土壌、希少種の生息地といった、残された自然資本の保全への投資
- 再生不可能なエネルギーといった、現状のような天然資源を荒らす利用のレベルを減少させることによる自然資本の成長の促進
- 自然林への圧力軽減を目的とした都市レクリエーション公園といった、人工的な自然資本の拡大による自然資本ストックへの圧力軽減の投資
- エネルギー効率の高い建築物や環境配慮型の都市交通輸送といった、製品の末端利用における効率の向上

Ⅰ.7　都市の持続可能性のための社会的公平性

環境上の問題（例えば、交通による騒音や大気汚染、アメニティの不足、不健康な住環境、広場／空間の不足）によって最も影響を被るのは貧しい人々であることを、そして最も解決することが難しいのも貧しい人々であることを我々都市は認知している。不公平な富の配分が、持続不可能な行動の原因となり、また変革をより困難にする。我々は、人々の基本的な社会的ニーズ、ならびに保健医療、雇用、住宅計画を環境保護に統合することを意図している。単に消費を最大化するのではなく、市民の生活スタイルの質の改善にむけて我々が取り組めるように、我々は持続可能な生活スタイルの初期の経験から学びたいと考えている。

我々は、地域社会の持続可能性に貢献するような雇用を創出し、その結果として失業が減るように努力していく。雇用を誘致もしくは創出する際には、持続可能性の諸原則に合致するような長期雇用ならびに長寿命製品の創出を促進するために、我々は持続可能性の観点からすべての事業機会の影響を評価していく。

I.8　持続可能な土地利用形態

　すべての計画に戦略的環境評価を喜んで受け入れた我々の地方公共団体によって、効果的土地利用と都市計画政策が行われることの重要性を我々都市は認識している。開発において人間らしい規模を維持すると同時に、人口密度をより高くすることで公共交通とエネルギーが効率的に供給できるという見通しを我々は活用すべきである。旧市街の都市更新プログラムに取り組む際にも、新郊外開発の都市更新プログラムに取り組む際にも、移動の必要性を減らすために、我々は用途混合型の土地利用を追求する。地域の公平な相互依存という概念によって、我々は、都市と農村の間のフローを均衡させることができ、都市が周辺地域の資源をただ単に搾取することを防止することができる。

I.9　持続可能な都市モビリティの形態

　我々都市は、より少ない交通輸送でもって、アクセス権を改善し、社会福祉、都市型生活スタイルを維持する努力をする。強要されるモビリティを減少させ、自動車の不必要な使用を支持し、促進することをやめるのが、持続可能な都市にとって必須であることを我々は承知している。我々は、環境にやさしい交通輸送の手段（特に、徒歩、自転車、公共交通）を優先し、これらの手段の組み合わせを我々の計画の中心に据える。都市交通輸送の手段として

の自家用車は、地域交通サービスへのアクセスの手助けや都市の経済活動の維持といった補完的機能を果たすべきである。

I.10　地球の気候に対する責任

　地球温暖化は自然環境と建造物環境に対する、そして人類の将来世代に対する重大なリスクであり、我々都市は、大気への温室効果ガスの排出をできる限り早期に安定化し、さらに削減するために十分な対応が必要であること理解している。地球の炭素循環に重要な役割を果たす森林、植物プランクトンといった地球のバイオマス資源を保護することも同様に重要である。化石燃料からの排出軽減のためには、代替手段についてのしっかりした理解と、一つのエネルギー体系として都市環境についてのしっかりした理解とに基づいた、政策とイニシアチブが必要となるであろう。唯一の持続可能な代替手段は再生可能なエネルギー資源である。

I.11　生態系蓄毒化の防止

　ますます多くの有毒かつ有害な物質が大気、水、土壌、食料に排出され、人類の健康と生態系に及ぼす脅威が増大していることを我々都市は認知している。我々は、さらなる汚染をその源で止め、防止するべく全力を尽くしていく。

I.12　前提条件としての地方自治

　持続可能な生活様式を築くための、我々の都市を持続可能性にむけてデザインし、管理するための、力と知識と創造的能力を我々が有していることを、我々都市は確信している。地域社会から民主的に選出された代表者として、我々の都市を持続可能性に向けて再構築する責任を我々が引き受ける準備は

整っている。各都市がどの程度この難題に応えることができるかは、補完性の原理に基づいた地方自治権限の付与次第である。十分な権限が地方政府レベルに与えられ、自治体に確かな財政基盤が付与されることが重要である。

Ⅰ.13　鍵を握る主体としての市民と地域社会の参加

　リオ・デ・ジャネイロにて開催された地球サミットで承認された主要文書であるアジェンダ21が与えた任務を守ることを、ローカルアジェンダ21計画を作成する際には地域社会のすべてのセクター（市民、企業、利害関係団体）と共に作業を進めることを、我々都市は誓う。欧州連合第5次環境行動計画『持続可能性に向けて』は、その事業計画の実施責任が地域社会のすべてのセクターによって分担されることを要求していることを、我々は認識している。それゆえに、我々は参加する主体すべての協力に基づいて作業を進める。我々は、すべての市民や利害を有する団体が情報にアクセスでき、地域の政策決定過程に参加できることを保証する。我々は、普通の住民だけでなく、選挙によって選出された代表者や地方政府の職員をも対象とした、持続可能性に向けた教育と研修の機会を追求していく。

Ⅰ.14　持続可能性に向けた都市マネジメントのための手段とツール

　我々都市は、都市マネジメントへの生態系アプローチにとって利用可能な政治的で技術的な手段とツールを活用することを誓約する。環境情報の収集と処理、環境計画、行政命令・税金・手数料等の規制的、経済的、通知的諸手段、市民参加のような意識向上メカニズムといったものを含む、広範囲に及ぶ手段を我々は活用していく。我々は、我々の人工資源である「カネ」のように、自然資源を経済的見地から管理できるような新しい環境予算制度の設立を追求する。

都市環境の質、都市のフロー、都市の形態といったものを含んだ各種の指標、そしてとりわけ重要な都市システムの持続可能性の指標に基づいて、環境モニタリング、環境監査、環境影響評価、環境会計、環境決算、環境報告制度などの政策決定や監督努力を行わなければならないことを我々は承知している。

　我々都市は、環境に好ましい結果をもたらす多様な政策や活動が、ヨーロッパ各地の多くの都市ですでに成功裏に適用されていることを認識している。しかしながら、これらの手段は持続不可能性のペースを落とし、圧力を減じるための有用なツールではあるものの、これらの手段それ自体が自動的に社会の持続不可能な趨勢を逆転させるものではない。それでもやはり、力強い、現存するエコロジカルな基盤を持つこれらの都市は、総合的な持続可能性の進展によって、それぞれの政策や活動を地方都市経済を管理するガバナンスの進展へと結合していく初めの一歩を踏み出す絶好の位置にある。この進展過程において、独自の戦略を開発し、実践の場で試し、そしてその経験を共有することが、我々に求められている。

第4章　オルボー誓約
―持続可能な都市づくりの取り組み

白石　克孝　訳

　オルボー憲章の採択から10年を経た2004年6月に憲章採択10年を記念して、再びデンマークのオルボー市で第4回欧州持続可能都市会議が開かれ、約1000名の都市自治体の関係者が集まって、持続可能な発展に向けての今後の都市活動のあり方を討議しました。この会議の開催と運営にあたっては、イクレイヨーロッパ事務所が中心的な役割を担いました。

　「オルボー＋10」と呼ばれたこの会議で、「アジェンダからアクションへ」を掲げて採択されたのがオルボー誓約（THE AALBORG COMMITMENTS）です。ここでは誓約の前文と本文を翻訳しました。

（白石　克孝）

「オルボー＋10　―未来を鼓舞する」

　我々が共有するビジョン
　我々、オルボー＋10会議に参集した「欧州持続可能な都市キャンペーン」に参加するヨーロッパの地方政府は、我々のコミュニティの持続可能な未来について、我々が共有するビジョンを確認する。

　我々の都市に関するビジョンは、包括的で、繁栄を促す、創造的で、そして持続可能なものであり、すべての市民に質の高い生活を提供し、都市生活

のあらゆる面において市民の参加を可能にするものである。1992年のリオ・サミット及び1994年の「持続可能性に向けた欧州都市憲章（オルボー憲章）」に組み込まれた持続可能性の諸原則の採用以来、我々のビジョンは、1996年のリスボン行動計画「憲章から行動へ」、2000年の「21世紀の分岐点における欧州地方自治体リーダーによるハノーバー声明」、そして2002年の「ヨハネスブルグ声明」をとおして、発展を続けてきた。我々は、2004年の「未来を鼓舞する—オルボー＋10会議」を、この発展中の過程におけるマイルストーンと位置づける。

我々が直面する難問

地域の施政と地域のマネージメントという我々の責任を遂行するにあたって、我々は経済のグローバル化と技術発展の折り重った圧力にますますさらされるようになっている。いまや我々は、コミュニティと資源への人工的及び自然的な脅威とともに、経済の根本的な変化に直面している。

我々は我々をひるませるような難問に直面している：戦禍を被ったコミュニティにおける紛争の回避と平和の維持と同様の難題、すなわち、知識経済における雇用の創出、貧困や社会的排除への対応、我々の環境への効果的な保護対策の確保、我々の及ぼす生態学的な負荷（エコロジカル・フットプリント ecological footprint）の低減、人口変化への対応、文化の多様性への対処といった難題である。

我々の責任

我々は、政府の他のすべての領域との協業により我々が抱えるこうした難問に立ち向かうと同時に、持続可能な発展の達成への取り組みで中心的な役割を引き受ける。この中心的な役割は、地域の政策形成や環境、社会、文化そして経済の各目的の調和実現のために、我々がより一層強力かつ統合的なアプローチを取ることを求めるものである。同時に、我々の地域の生活の質

を改善する努力が、世界の他の地域、あるいは将来の世代の生活の質を脅かさないことを、我々は保証しなければならない。

我々は、ヨーロッパの市民と日常的に最も近いレベルにある政府機関であり、教育や意識向上をとおして、持続可能性に向けた個人の行動に影響を与える独自の機会を有している。

「リスボン戦略」、「欧州持続可能な発展戦略」、「第6期環境行動プログラム」、発表間近の「都市環境のEUテーマ別戦略」、気候変動や健康、ガバナンスといったテーマへのEUイニシアティブ、といったEUの戦略や政策の実施において、そしてまた国連の「ミレニアム開発目標」や「ヨハネスブルク実施計画」の実施において、我々は地域レベルでのサポートを提供することが出来る。

我々の返答：オルボー誓約

我々ヨーロッパの地方政府は、上記のような難問に取りかかるとともに、我々の責任を受諾するものである。非常に重要な前進の一歩として、アジェンダから戦略的で共同的なアクションへの非常に重要な一歩として、我々は「オルボー誓約（The Aalborg Commitments）」を採択する。

我々は、オルボー憲章に謳われた持続可能性の諸原則からインスピレーションを引き出し、地域の持続可能な発展に向けて努力邁進する。我々は、持続可能な都市の未来のための共有ビジョンを、地域レベルでの持続可能性の具体的な目標と行動という形で具現化するよう努める。

我々は、地域の実状と必要性にあった優先順位を、我々の行動が及ぼす世界的な影響をも考慮しつつ選択するための源泉として、「オルボー誓約」を採択する。我々は、特定の諸目標とそれらの達成への過程をモニターする期

間を設定するために、地域的な参加プロセスに着手する。

我々のパートナー

我々は、すべてのヨーロッパの地方・地域政府が、「オルボー誓約」に署名して我々に参加し、その決定を「欧州持続可能な都市キャンペーン」に伝えるよう促す。

我々は、地域・地方の行政当局の全国的協会、中央政府、欧州委員会、そして他のヨーロッパの団体に、「オルボー誓約」がヨーロッパの持続可能性にむけた努力に重要な貢献を果たすことを認識し、「オルボー誓約」への我々の取り組みを支援するよう促す。

我々は、「リサイクルのための都市・地域協会（ACCR）」、「気候同盟」、「欧州地方自治体協議会（CEMR）」、「エナジー・シティ（Energie-Cités）」、「ユーロシティ（EUROCITES）」、「イクレイー持続可能性をめざす自治体協議会」、「メドシティ（Medcities－地中海沿岸都市ネットワーク）」、「バルト海沿岸都市連合」、「世界保健機関（WHO）－健康都市」といった地方政府のネットワークが、「オルボー誓約」への我々の取り組みを支援し、我々の達成とモニタリングに助力し、それぞれの分野での専門技術を利用可能にするよう促す。

オルボー誓約

1　ガバナンス

　我々は、参加型民主主義の増進をとおして、意志決定プロセスを活性化することを誓約する。

　そのために、我々は以下の項目に取り組む。
1) 持続可能な都市のための共有された長期的ビジョンをよりいっそう発展させる。
2) 地域コミュニティと地方行政において、参加と持続可能な発展のキャパシティを築く。
3) 意志決定に効果的に参加してもらうために地域社会のすべてのセクターを招聘する。
4) 我々の意志決定を、公開性のある、説明責任のある、透明性のあるものにする。
5) 近接する自治体、他の都市、そして政府の他の領域とパートナーシップを組み効果的に協力する。

2　持続可能性にむけた地域マネージメント

　我々は、（政策の）策定から実践そして評価へと、効果的なマネージメント・サイクルを実施することを誓約する。

　そのために、我々は以下の項目に取り組む。

1) ローカルアジェンダ21やその他の地域の持続可能性プロセスを強化し、それらを地方政府の政策の中心に据えていく。
2) 予防原則と発表間近の「都市環境に関するEUのテーマ別戦略」に基づき、持続可能性にむけての統合したマネージメントを行っていく。
3) 「オルボー誓約」の枠組みの中で目標とスケジュールを設定し、さらに「オルボー誓約」のモニタリング報告を作成し、それに沿って行動する。
4) 持続可能性の問題を都市における意志決定プロセスの中心に据えること、そして資源配分を強固で広範な持続可能性の基準にもとづかせることを保証する。
5) 「欧州持続可能な都市キャンペーン」とそのネットワークと協力して、我々の持続可能性の目標の実現に向けた取り組みのモニタリングと評価を行う。

3　自然の共有財

我々は、自然の共有財を保護し、保存し、平等なアクセスを確保するという我々の責任を全面的に負うことを誓約する。

そのために、我々はコミュニティ全体をとおして、以下の項目に取り組む。
1) 第1次エネルギーの消費を減らし、再生可能エネルギーの割合を増やす。
2) 水質を改善し、水を節約し、そして水をより有効に利用する。
3) 生物多様性を助長し、増大させるとともに、指定自然地区や緑地を増やしてその維持管理をする。
4) 土壌の質を改善し、生態学的に生産性の高い土地を保護し、持続可能な農業および林業を促進する。
5) 空気の質を改善する。

4　責任ある消費と生活様式の選択

我々は、資源の慎重かつ効率的な使用法を採用し、促進することを、持続可能な消費と生産を奨励することを誓約する。

そのために、我々は以下の項目に取り組む。
1) 廃棄物を出さないようにし、減らすようにするとともに、再利用とリサイクルを増やすようにする。
2) 最善の実践基準に合致する方法で廃棄物を管理し、処理する。
3) 不必要なエネルギー消費を避けるとともに、最終消費のエネルギー効率を改善する。
4) 持続可能な調達に着手する。
5) 持続可能な生産と消費を、特に、エコラベルを張られた、オーガニックな、倫理的な、フェア・トレードによる製品を積極的に促進する。

5　計画とデザイン

我々は、全ての人の利益に寄与する環境、社会、経済、健康、文化の問題の解決に取り組もうとする都市の計画とデザインにおいて、戦略的役割を果たすことを誓約する。

そのために、我々は以下の項目に取り組む。
1) 放棄地域や条件不利地域を再使用し、再生する。
2) 都市の適切な人口密度を達成し、田園地域の開発よりも都市の旧市街地の再開発を優先することにより、都市のスプロール化を避ける。
3) 都市中心部においては、居住用途を優先しつつ、建築物の多目的利用と、仕事、住宅、サービスのバランスのとれた開発を確実に行う。

4) 都市の文化遺産の適切な保存、補修、利用/再利用を確実に行う。
5) 持続可能なデザインと建設のための諸要件を適用し、質の高い建築様式と建設技術を促進する。

6　より良いモビリティ、より少ない交通量

我々は、交通輸送、健康、環境が相互依存的であることを認識し、持続可能なモビリティの選択を強く促進することを誓約する。

そのために、我々は以下の項目に取り組む。
1) 私的な自動車輸送の必要性を減らし、すべての人々が利用できる魅力ある代替手段を促進する。
2) 公共交通、徒歩、自転車による移動距離の割合を増やす。
3) 低公害車への乗り換えを奨励する。
4) 統合的で持続的な都市のモビリティ計画を発展させる。
5) 環境と公衆衛生に与える交通輸送の影響を減少させる。

7　健康のためのローカル・アクション

我々は市民の健康と福利を保護し、増進することを誓約する。

そのために、我々は以下の項目に取り組む。
1) 健康のより広範囲にわたる決定要因—そのほとんどが保健セクターの外部にあるといってよい—への意識を高め、行動を起こす。
2) 都市における健康に関する戦略的パートナーシップを構築し、それを維持する手段となる、都市健康増進計画を促進する。
3) 格差縮小の進展についての定期レポートを求めつつ、健康における不平等を減少させ、貧困撲滅に取り組んでいく。

4) すべてのセクターが健康と生活の質の課題に真摯に対応するための方策として健康影響評価を促進する。
5) 都市計画戦略や新規構想を計画する段階で健康への配慮を組み入れるよう都市プランナーを動かす。

8 活気があり、持続可能な地域経済

我々は、環境を損なうことなく雇用へのアクセスを提供する活気ある地域経済を創造、確保することを誓約する。

そのために、我々は以下の項目に取り組む。
1) 地域の雇用と企業の新設を奨励し、支援する方策を採用する。
2) 良い企業実践を奨励し、実施するために地域ビジネスと協力する。
3) ビジネス立地に関する持続可能性の原則を開発し、実践する。
4) 地方・地域の高品質な生産物のための市場を奨励する。
5) 持続可能な地域観光を推進する。

9 社会的公平と正義

我々は、包摂的で支援的なコミュニティを獲得することを誓約する。

そのために、我々は以下の項目に取り組む。
1) 貧困を防ぎ、緩和するためのプログラムを開発し、実施する。
2) 公共サービス、教育、雇用機会、訓練、情報、そして文化活動への公平なアクセスを確保する。
3) 社会的包摂(ソーシャル・インクルージョン)とジェンダーの平等を育む。
4) コミュニティの安全と安心を改善する。

5) 高品質で社会的に結合された住居と生活環境を確保する。

10 ローカルからグローバルへ

我々は、平和、正義、公平、持続可能な発展、気候保護のためのグローバルな責任を負うことを誓約する。

そのために、我々は以下の項目に取り組む。
1) 気候変動を緩和するための戦略的、統合的アプローチを開発し、それに沿って行動するとともに、温室効果ガス排出を持続可能なレベルにすることに向けて活動する。
2) エネルギー、輸送、調達、廃棄、農業、林業の分野において、気候保護政策を我々の政策の中心に据えていく。
3) 気候変動の原因と推定される影響についての意識を向上させ、予防的行動を気候変動政策に組み込む。
4) 我々の地球環境におよぼす影響を減少させるとともに、環境的正義の原則を推進する。
5) 都市の国際的協力を強化するとともに、地方政府、コミュニティ、関連する利害関係者のパートナーシップにおいて、グローバルな問題に対する地域の返答を展開する。

第5章　持続可能な都市づくり政策評価項目
　　　―2003年欧州持続可能な都市賞のための評価項目

イクレイ日本事務所　訳

　1994年からヨーロッパで展開された欧州持続可能な都市キャンペーンでは、オルボー憲章の精神に基づいて、創造的な都市づくりの実績を挙げた自治体に対して「欧州持続可能な都市賞」を授与しています。公募と優秀自治体の表彰を通して、持続可能性に向けての都市の進歩を確認し、持続可能性のための活動に対する関心喚起と、各方面からの支持を獲得すること、さらに優秀事例に焦点を当て、経験や情報交換ネットワークを広げることを目的として、1996年、1997年、1999年、2003年に顕彰制度が実行されています。

　この章では、持続可能な都市づくり政策評価項目として、2003年に行われた第4回「欧州持続可能な都市賞」応募のための質問項目を紹介します。第4回「欧州持続可能な都市賞」には65自治体が応募し、フェラーラ（イタリア）、ハイデルベルグ（ドイツ）およびオスロ（ノルウェー）が表彰されました。いずれの都市も、

- 社会、経済、環境の3方面から持続可能な発展政策を実施していること
- 手法が革新的、創造的かつ行動主義的で、市民や利害関係者の参加が十分あること
- 市民との定期的、効果的、意味ある対話の仕組みができていること
- 自治体の組織文化や実践に、持続可能性がしっかり組み込まれていること
- 都市の持続可能な発展のための優秀な事例を提供していること

・持続可能な発展に向けて、積極的、進歩的、継続的なコミットメントをしていること

の諸点において高い評価を受けました。

(イクレイ日本事務所)

A ヴィジョン、戦略、政治的公約に関する質問

このセクションは、オルボー憲章の誓約事項I.1～3、I.11～12を反映して作成されている。

欧州持続可能な都市キャンペーン(European Sustainable Cities and Towns Campaign)に参加する都市は、オルボー憲章署名都市として、社会的正義、持続可能な経済、環境の持続可能性を達成するために、共有のヴィジョンと地域戦略を作り上げることを公約している。キャンペーン参加都市は、ローカルアジェンダ21計画策定時に、地域社会の全てのセクターと協働するという、『アジェンダ21』の指示に従うことを誓っている。自治体による政治的誓約、戦略、ヴィジョンの必要性は、ヨハネスブルクで開催された持続可能な開発に関する世界サミットにおいてさらに補強され、はっきりと示されるようになった。

したがって、2003年欧州持続可能な都市賞応募自治体は、持続可能な発展に向けての公約や行動のために作成した地域の総合戦略やヴィジョンについて評価を受けることになる。ここの質問によって応募都市は、持続可能性に向けた効果的地域行動を喚起する、全般的な関与を明示するよう求められる。

ヴィジョン
A-1 地域社会の様々なメンバーや利害関係者の協力を得て、地域の持続可能な発展に向けての共通ヴィジョンを作り上げましたか。
　　　　□いいえ　　□はい
「はい」の場合、そのヴィジョンを簡潔に説明して下さい。

A-2 ヴィジョンの期間は何年ですか。

戦略
A-3 そのヴィジョンを達成するために、地域の持続可能性のための共通の戦略が作り上げられましたか？
　　　　□いいえ　　□はい
「はい」の場合、その戦略を簡潔に説明して下さい。

A-4 地域戦略（ローカルアジェンダ21行動計画または類似の地域持続可能性計画）の期間は何年ですか。

A-5 戦略の狙い、目的、計画された行動は、地域社会が直面する重大な問題をどの程度反映していますか。

A-6 利害関係者とともに共通戦略を作る上で、以下の課題はどの程度重要でしたか。

課　題		課　題	
社会		教育	
健康関連		雇用	
経済		地球規模の課題	
環境		その他	

政治的誓約

A-7 あなたの自治体はオルボー憲章に署名していますか。
　　　　　□ いいえ　　　□ はい
　　「はい」の場合、何年に署名しましたか。

A-8 地域持続可能性戦略（ローカルアジェンダ21行動計画または類似の地域持続可能性計画）は、オルボー憲章の13原則に対する政治的公約に沿ったものですか？
　　　　　□ いいえ　　　□ はい

A-9 自治体指導者（市長等）あるいは最高執行責任者は、地域持続可能性戦略を作り上げるために、個人的にコミットしていますか。
　　　　　□ いいえ　　　□ はい
　　地域持続可能性戦略／ローカルアジェンダ21行動計画に全般的な責任を持つ人物の氏名と役職をお書き下さい。

A-10 地方議会は、地域持続可能性戦略を作り上げることに、関与していますか。
　　　　　□ いいえ　　　□ はい
　　どのようなやり方で関与しましたか。（議会での議決、委員会での議決等）

B　パートナーシップと参加に関する質問

　このセクションは、オルボー憲章の誓約事項I.1、I.4、I.11、I.12を反映して作成されている。

　最近、欧州全域を対象とした、持続可能性のための都市ガバナンスに関する調査が実施された。その主要な結果の一つとして、意思決定プロセスにおける市民社会の効率的な参加とパートナーシップは、地域持続可能性のための共通ヴィジョン、戦略、行動を効果的に実施するための重要な利点であることが明らかになった。また、ヨハネスブルグで開催された持続可能な開発に関する世界サミットも、持続可能性を地域及び地球規模で推進しようとする際のパートナーシップの役割と重要性に非常に着目した。

　したがって、2003年欧州持続可能な都市賞の応募者は、地域社会の持続可能性を改善するためのプロセスや事業において、官民の利害関係者と構築してきたパートナーシップに関する記述を求められる。ここの質問は応募者に、自治体が実施している持続可能性のための取り組みにおける、様々な利害関係者との間のパートナーシップと参加の度合についての説明を要請するものである。

B-1 地域社会におけるローカルアジェンダ21または類似の地域持続可能性のための活動を推進するために、どのような組織体制が構築されてきましたか。

組織体制の概略を記して下さい。

	No	Yes →	参加した人数
ローカルアジェンダ21活動は、ローカルアジェンダ21の地域協力ネットワークの一部ですか？	☐	☐	
ローカルアジェンダ21フォーラムまたは同等の市民や利害関係者グループは存在していますか？	☐	☐	
テーマ別のワーキング・グループは形成されましたか？	☐	☐	
あなたの自治体は、ローカルアジェンダ21に政治的責任を持つ地方議員の委員会を有していますか？	☐	☐	
あなたの自治体は、ローカルアジェンダ21に関して他の自治体と協力していますか？	☐	☐	
その他の組織体制があれば、ここにお書き下さい：			

B-2 ローカルアジェンダ21行動計画または類似の地域持続可能性計画に関して、ヴィジョン、優先順位、目標、予算及び行動を議論するために、利害関係者グループ及びその他の重要な地域主体はどの程度情報提供を受け、参加呼びかけがなされていますか。参加レベルを下の表にお書き下さい。

ローカルアジェンダ21行動計画／課題	利害関係者グループの参加レベル
ヴィジョン作り	
優先順位の設定	
目標設定	
予算	
行動	

B-3　利害関係者グループやその他の重要な地域主体は、ローカルアジェンダ21または類似の地域持続可能性活動にどの程度参加し、代表を出していますか。各利害関係者グループ／地域主体毎の参加レベルを下にお書き下さい。

利害関係者グループ／地域主体	活動へのグループの参加レベル	利害関係者グループ／地域主体	活動へのグループの参加レベル
経済団体、企業		地域交通サービス	
社会問題を扱う団体		公益事業サービス（水、電気、電話）	
障害者団体		警察	
環境団体		自治会代表	
女性団体		自治体連合組織の代表	
少数民族団体		広域自治体代表	
失業者団体		中央政府代表	
他の不利な人々のグループ		学術研究機関	
青少年組織		労働組合	
宗教団体		開発ＮＧＯ	
地方議会議員		調査機関	
自治体職員		他の利害関係者：	
健康サービス			

B-4　ローカルアジェンダ21及び地域持続可能性のための活動での決定事項は、どの程度、利害関係者間の合意が得られていますか。

B-5　自治体の意思決定プロセスは、どの程度、利害関係者グループからの勧告や提案の影響を受けていますか？
影響を受けた事例を２つ挙げて下さい。

B-6　地域持続可能性戦略を遂行するために、地域レベルで活動している様々なグループとの間に、公式のパートナーシップが構築されてきましたか。
　　　　□ いいえ　　　□ はい
「はい」の場合、各利害関係者／地域主体の参加レベルをお書き下さい。

利害関係者グループ／地域主体	活動へのグループの参加レベル	利害関係者グループ／地域主体	活動へのグループの参加レベル
経済団体、企業		地域交通サービス	
社会問題を扱う団体		公益事業サービス（水、電気、電話）	
障害者団体		警察	
環境団体		自治会代表	
女性団体		自治体連合組織の代表	
少数民族団体		広域自治体代表	
失業者団体		中央政府代表	
他の不利な人々のグループ		学術研究機関	
青少年組織		労働組合	
宗教団体		開発ＮＧＯ	
地方議会議員		調査機関	
自治体職員		他の利害関係者：	
健康サービス			

B-7　地域の地球全体に対する責任の一部として、自治体は、持続可能性の課題に関する国際的なパートナーシップに加わってきましたか。
　　　　□ いいえ　　　□ はい
「はい」の場合、これらのパートナーシップの詳細を、簡潔にお書き下さい。

B-8　市民と協働するために、あなたの自治体はどのような革新的参加メカニズムを構築してきましたか？
これらのメカニズムの詳細を、簡潔にお書き下さい。

B-9 参加が困難なグループを参加させるために、何らかの参加手法を使いましたか？

　　　　　□ いいえ　　　□ はい

「はい」の場合、その手法、対象となったグループ及びその手法がどのように役立ったかを、簡潔にお書き下さい。

B-10 どのようにして、ローカルアジェンダ21／地域持続可能性活動の主要な課題（例えば、地球レベルと地域レベルのつながり等）に関する市民意識の向上に努力していますか。

広報活動		広報活動	
メディア（新聞、テレビ、ラジオ）		知識源としてのインターネットの活用	
ワークショップやイベント		ローカルアジェンダ21ニュースレターやパンフレット	
学校・保育所との協力		その他：	
企業や市民セクターとの協力			

C　行動計画の策定と実施に関する質問

　市民参加の拡大とパートナーシップに支えられた政治的公約や地域戦略、ヴィジョンの共有や展開を基礎にして、欧州持続可能な都市キャンペーン参加自治体は、地域と地球の持続可能性を実現することに貢献している。このセクションは、オルボー憲章の中の広範な誓約事項を反映するように作成されている。
2003年欧州持続可能な都市賞は、応募自治体に次のようなことを求める。
　Ⅰ　持続可能な発展政策を実施するために、自治体内部で進めている段階についての基本的な知識と理解を提供すること。
　Ⅱ　持続可能な発展のために達成した具体的な結果と進歩を明らかにし、実行に移し持続可能な発展をもたらした主要なイニシアティブを説明すること。応募者は、より広範で地球規模の枠組みの中に自らの活動を位置づけ、1992年のリオ・サミット以来取り組んできた自治体の持続可能な発展政策の枠組みの中に、成し遂げた行動を組み込むこと。

C-1　あなたの自治体は、いつからローカルアジェンダ21または類似の地域持続可能性活動に取り組んでいますか。
　　　　　　　□ローカルアジェンダ21に取り組んでいます。何年から：
　　　　　　　□類似の地域持続可能性活動に取り組んでいる。何年から：
　　ローカルアジェンダ21または類似の地域持続可能性イニシアティブの名称：

C-2　あなたの自治体は、ローカルアジェンダ21行動計画または類似の地域持続可能性計画を持っていますか。
　　　　　　　□はい、ローカルアジェンダ21行動計画をもっています。何年から：
　　　　　　　□はい、類似の行動計画をもっています。何年から：
　　　　　　　□はい、現在策定作業中です。完成予定年は：
　　　　　　　□いいえ、行動計画も類似した文書も持っていません。

C-3 ローカルアジェンダ21行動計画または類似の地域持続可能性計画には、社会、経済、環境、健康関連の目標、具体的な目標値、指標及び行動が記載されていますか。

課題	目標、目標値、指標、行動				
	未記載／作業中	一般的目標	具体的な目標値	指標	行動
社会	☐	☐	☐	☐	☐
健康関連	☐	☐	☐	☐	☐
経済	☐	☐	☐	☐	☐
環境	☐	☐	☐	☐	☐
教育	☐	☐	☐	☐	☐
雇用	☐	☐	☐	☐	☐
地球規模の問題	☐	☐	☐	☐	☐
その他	☐	☐	☐	☐	☐

C-4 地域の持続可能性に向けて、どの程度統合的なやり方で問題に取り組んでいますか。
どのようにこれがなし遂げられてきたのか、簡単に説明して下さい。

C-5 ローカルアジェンダ21／地域持続可能性原則を、行政の全部局の業務に確実に組み込むために、どのような管理メカニズムが採用されていますか。

☐	主導する職員の任命	☐	市民参加
☐	部局横断的な作業グループ	☐	政治的監督
☐	行政中枢の作業グループ	☐	なし
☐	持続可能性報告に関する内部討議	☐	その他：

C-6 持続可能な発展のための部門間の連携をさらに確実なものにするために、別のメカニズムが活用されていますか。
　　　　　□ いいえ　　　□ はい
「はい」の場合、どのような種類のメカニズムをよく活用していますか。

□	主導する職員の定期会合	□	内部メーリングリスト
□	関係職員の定期会合	□	内部情報レター
□	前職員の定期会合	□	その他：

別のメカニズムを、簡潔にお書き下さい。

C-7 以下の計画や政策において、ローカルアジェンダ21または類似の地域持続可能性の課題はどの程度考慮されていますか。また、これらの計画が法令に基づくものであるのかどうかを、明記して下さい。

計画／政策	考慮の水準	法令の有無	計画／政策	考慮の水準	法令の有無
交通運輸			廃棄物		
土地利用			健康		
経済発展			自治体の社会プログラム		
エネルギー			自治体予算		
水管理			その他の地域計画（具体的に）		

計画の中で、持続可能性の課題がどのように考慮されているか、簡単に説明して下さい。

C-8 公共調達手続きにおいて、あなたの自治体は環境基準を適用していますか。
　　　　　□ いいえ　　　□ はい
「はい」の場合、簡単に説明して下さい。

C-9　ローカルアジェンダ21計画または類似の地域持続可能性計画は、定期的に見直され、更新されていますか。
　　　　　□ いいえ　　　□ はい
「はい」の場合、どれくらいの頻度で行われていますか。
（　　　　）年間隔。

C-10　ローカルアジェンダ21活動のために、どれほどの人的資源が利用可能ですか。

①　行政組織内部の人員：

職員の種類	無し	有り	人数
常勤職員	□	□	
非常勤職員	□	□	
他の職務との兼務	□	□	

職員の派遣元の部署を、簡単に記して下さい。

②　行政組織内部の人員：

職員の種類	無し	有り	人数
常勤職員	□	□	
非常勤職員	□	□	
他の職務との兼務	□	□	

外部の人員がどの組織から来ているかを、簡潔に記して下さい。

C-11　あなたの自治体は、持続可能な発展に関連した研修プログラムを実施していますか。

　　　　　　　　□ いいえ　　　□ はい

「はい」の場合、研修の種類と対象者を記して下さい：

対象者 研修の種類	なし	地方議会議員	運営委員	自治体職員	LA21フォーラム／利害関係者
一般的な意識啓発					
セミナーと報告会					
会議					
その他					

　　　研修で利益を受ける人数を見積もり、訓練の内容を簡潔に記述して下さい。

C-12　ローカルアジェンダ21または地域持続可能性のための活動の実行を確保するための、確実な財政的支援はありますか。

　　　　　　　　□ いいえ　　　□ はい

どれくらいの期間、この支援は確保されていますか。

C-13　1990年以降、地域持続可能性の領域におけるあなたの自治体の主要な成果を、体系的に描写して下さい。（進行年表と財政措置を最大5ページで）

C-14　これまでに成し遂げた成果に基づいて、短・中期的観点から地域持続可能性をさらに増進するために、将来どのような行動を取ることを目指していますか。（1ページ）

D　先進的手法に関する質問

　ここでは応募都市は、一般的な手法（部門横断的なヴィジョン／戦略／政治的公約、パートナーシップと参加、行動計画策定と実施、評価）を、個別選択分野においてどのように活用してきたかを、より詳細に説明することが求められる。毎年いくつかの異なった分野に焦点をあて、広範な分野をカバーする予定であり、2003年は以下のテーマ（持続可能な廃棄物・資源管理、貧困と社会的公平、健康）での記述が求められている。

　Dの設問はここでは省略した。（ICLEI　日本事務所）

E　評価に関する質問

持続可能性目標は、活動の早い段階から考慮しておくべきである。ここでは、2003年欧州持続可能な都市賞応募都市は、成果を測定することのできる一貫した信頼できる手段の導入について回答しなければならない。一連の指標と目標値は、公的機関やその他の機関が政策の有効性を評価する際に助けになるだろう。政策や実施した活動を評価する際に活用した評価手法と評価基準の詳細を説明し、構築してきた評価手法を示す必要がある。

　この節は、オルボー憲章のI.13を想定して作成されている。

E-1 ローカルアジェンダ21計画または類似の地域持続可能性計画に対して、定期的な業績評価が実施されていますか。
　　　　　　□ いいえ
　　　　　　□ いいえ。現在計画中
　　　　　　□ はい

主体	評価実施主体	評価結果の受け取り主体
ＬＡ２１フォーラム、地域社会グループ		
地方議会議員		
自治体職員		
広域政府、中央政府		
連邦、自治体連合組織		
環境団体		
大学、調査機関		
民間部門（コンサルタント）		
その他：		

評価手続の詳細を、簡潔にお書き下さい。

E-2 社会、経済、環境、住民の健康問題の相互のつながりに焦点を当てた、地域優先課題の詳細な評価（基本的データ分析）は実施されてきましたか。
　　　　　　□ いいえ　　　　□ はい
詳細を簡潔にお書き下さい。

E-3 評価結果は、ローカルアジェンダ21行動計画や類似の地域持続可能性計画の中にどの程度反映されますか。詳細を簡潔にお書き下さい。

E-4 評価結果は、自治体のより広範な政策、戦略及び計画の中に、どの程度反映されますか。詳細を簡潔にお書き下さい。

E-5　環境政策と持続可能性のための活動を評価・管理するために、自治体はどのような手段を活用していますか。

手　段	
品質管理システム （Total Quality Management 等）	
EMAS（環境経営監査スキーム）	
ISO9000/14000 シリーズ	
エコ・バジェット	
環境影響評価	
戦略的環境影響評価	
健康影響評価	
戦略的持続可能性評価	
ジェンダー影響評価	
世論調査	
その他（具体的に）：	

E-6　あなたの自治体は、環境または社会管理報告システムの活用を促進していますか。
　　　　　　□ いいえ　　　□ はい
「はい」の場合、活用しているシステムの詳細をお書き下さい。

E-7　自然資源消費の観点から、地域と世界の相互依存を考えるために、あなたの自治体はどのような手法を活用していますか。

手　法		手　法	
エコロジカル・フットプリント		予防原則	
ライフサイクル分析		汚染者負担原則	
マテリアル・フロー分析		その他：	

E-8 あなたの自治体は、指標システムを活用していますか。
　　　　□ いいえ　　　□ はい
　　参考までに、どこのシステムなのかを教えて下さい。

□	地域独自に構築	□	欧州環境庁（EEA）
□	中央政府	□	経済協力開発機構（OECD）
□	自治体の全国連合組織	□	国際連合（UN）
□	欧州委員会	□	その他、具体的に：

E-9 もしあなたの自治体が指標を開発もしくは活用しているならば、これらの指標は、ローカルアジェンダ21行動計画または類似の地域持続可能性計画の実施と関係していますか。

指標		指標	
社会指標		経済指標	
健康指標		環境指標	
教育指標			

指標の一覧表を提示して下さい。

F 一般的情報に関する質問

　ここは、前節までの質問を補足し、首尾一貫した評価をするための一般的質問である。ここでの回答は総合評価の対象ではなく、採点や順位付けのためには利用されない。

F-1　ローカルアジェンダ21または類似の地域持続可能性のための活動は、どのように支えられていますか？利害関係者はこの活動に、どのような観点から貢献することを同意していますか。

貢献主体	貢献の種類				
	各主体からのおよその貢献度（％）	自発的取り組み／参加	専門知識	資　金	貢献なし
ローカルアジェンダ２１フォーラム	☐	☐	☐	☐	☐
民間部門	☐	☐	☐	☐	☐
自治体	☐	☐	☐	☐	☐
中央政府	☐	☐	☐	☐	☐
広域自治体	☐	☐	☐	☐	☐
全国ＮＧＯ	☐	☐	☐	☐	☐
国際ＮＧＯ	☐	☐	☐	☐	☐
欧州連合（ＥＵ）	☐	☐	☐	☐	☐
その他：	☐	☐	☐	☐	☐

F-2 どのような種類の委員会或いは政治的評議会が、ローカルアジェンダ21または類似の地域持続可能性のための活動に責任を持っていますか。

☐	自治体議会	☐	住民健康委員会／評議会
☐	自治体執行委員会／評議会	☐	技術委員会／評議会
☐	社会資本計画委員会／評議会	☐	なし)
☐	環境委員会／評議会	☐	その他、具体的に：
☐	環境衛生委員会／評議会		

F-3 ローカルアジェンダ21／地域の持続可能な発展を調整する仕事は、どの部局が行いますか。

☐	総務企画部門	☐	環境部門
☐	都市計画部門	☐	社会または健康部門
☐	技術部門	☐	環境衛生部門
☐	その他、具体的に：		

F-4 あなたの自治体は単一の政治・行政体ですか。それとも複数の団体から成っていますか。
　　　　　☐ 単一の政治・行政体である。
　　　　　☐ 複数の団体から成っている。→いくつの団体ですか。（　　　）

F-5 あなたの自治体は自治体税を徴収していますか。
　　　　　☐ いいえ　　☐ はい
「はい」の場合、この権限は、国家／広域地域的に制限を受けますか。それとも制限はないですか。

F-6 自治体が、中央政府或いは広域政府とは独立に政策を展開し、自分自身で決定することができるのは、どの分野ですか。

政策分野		政策分野	
社会政策		環境政策	
経済政策		教育政策	
住民健康政策		土地利用	

F-7 自治体が地域持続可能性のための活動を前進させる能力は、以下の領域での広域政府或いは中央政府の規則や規制によって、どの程度制限を受けてきましたか。

持続可能性政策への財源の配分	
持続可能性政策のための個別部門志向の規制	
自治体の活動への全般的な統制	

F-8 以下の領域について、あなたの自治体ではどの程度問題になっていますか。

問題領域		問題領域	
社会		教育	
経済		土地利用	
住民の健康		その他：	
環境			

F-9　以下の環境や社会的な課題は、あなたの自治体ではどの程度深刻ですか。

特定課題			特定課題
飲料水の質			交通混雑
地下水の質			燃料不足
海水／陸水の質			食品の品質と鮮度
排水管理			食糧供給
土壌汚染			文化遺産の喪失
廃棄物管理			失業
大気の質			識字
大気保全手段			教育機会
騒音			ホームレス
生息地と生物多様性			薬物乱用
自然保護手段			少数民族問題
重大な環境事故リスク			自殺
犯罪と地域社会の安全			その他：

出典：
http://www.sustainable-cities.org
European Sustainable Cities & Towns Campaign

第6章　ローカルアジェンダ21活動の評価基準

イクレイ日本事務所　訳

3つの側面から見たローカルアジェンダ21活動過程

Ⅰ　文書として

　ローカルアジェンダ21は
・『アジェンダ21』のグローバルな視点を地域レベルに移す。
・持続可能性を目指している。
・経済的、社会的、環境的発展を統合する。
・長期的な展望と長期目標を持っている。
・実践志向である。
・長期的に持続可能な構造の発展を目指している。

Ⅱ　政治文化として

　ローカルアジェンダ21は
・ヴィジョン、発展の方向性、価値、地域社会の未来にとっての基本的決定に関する議論である。
・社会のすべての団体との議論である。
・コンセンサス形成の原則に基づいている。

Ⅲ　計画策定プロセスの要素として
・「利害関係者グループ」や「ローカルアジェンダ21フォーラム」の設立
・地域社会との協議
・地域社会の持続可能な発展ヴィジョンに関する同意
・将来の地域社会の発展に関する既存の計画と戦略の見直し
・持続可能性指標の開発
・持続可能な発展／マネジメント監査
・目標の明示化と優先順位の設定
・報告及び監督メカニズム
・地域的観点をグローバルな次元に結びつける
・地方議会によるローカルアジェンダ21の採択

なぜ評価基準を使用するか？

　何がローカルアジェンダ21を構成し、都市の既存の他の計画とはどう違うのであろうか？

　ローカルアジェンダ21において、持続可能性を目指す新しい総合的職務は、新しい総合的手法と対応した特色を持っている。それは経済・社会・環境開発の分野における既存のプログラムに、新しい名前を与える以上の意味を持つ。これらの既存のプログラムを否定したり、取り替えたりするものではないが、ローカルアジェンダ21活動過程はそれを異なる観点から審査し、必要があれば改善する作業を含む。

　しかしながら、「ローカルアジェンダ21」という言葉は、環境分野を中心とした多数の活動に用いるラベルにすぎなくなる危険があり、それによって基本的な意味と、地域レベルでの持続可能な発展に向けて必要な変化を支援

する能力を失いがちである。「持続可能」という言葉自体が多くの目的で用いられ、また持続可能性に本当に関わってはいない活動にも用いられることで、その意味を骨抜きにされる問題に直面している。

ローカルアジェンダ21は、活動結果としての文書だけではなく、活動過程そのものの質に強く関わる考え方である。政治的決定の基本方向を大幅に変えることを目指し、また人々の暮らしに大きな影響を与える活動は、明らかにこれらの決定においても新しい方法を必要としている。結果（長期行動計画の目標）は地域条件によって自治体毎に異なっている。後述する評価基準にとって重要なのは、結果それ自体ではなく、むしろ活動過程の特徴、手法、質である。このことは大部分『アジェンダ21』の第28章に基づいている。

この視点に立てば、ローカルアジェンダ21手法の標準的水準と基本的な質を保つために、評価基準の必要性は明らかである。

評価基準は、当然管理手段として利用でき、この機能を否定することはできないが、これらの基準をむしろ、ローカルアジェンダ21過程の完成に向けた進捗状況を測定する指標として、地域社会の持続可能な未来のために最大限利用すべきであろう。

ローカルアジェンダ21活動の評価基準

Ⅰ 文書として
　ローカルアジェンダ21は、
・『アジェンダ21』のグローバルな視点を地域レベルに移す。

『アジェンダ21』は、持続可能性に向けて取り組むために1992年にリオで開催された国連環境開発会議（UNCED）に参加した、160ヵ国以上の国々の合意である。ローカルアジェンダ21は、『アジェンダ21』文書の中で、グロー

バルな目標に到達する上での自治体の役割を述べた、第28章から引き出された言葉である。

- 持続可能性を目指している（次を参照）
- 経済的、社会的、環境的発展を統合する。

ローカルアジェンダ21の最も重要な出発点は、問題を明確に定義すること、すなわち持続可能性が何を意味しており、地域社会がどこに向かって進んでいくべきかを理解することである。

持続可能性の目的は、伝統的な環境マネジメントの枠からはみ出ている。もし将来世代の人々のニーズを損なうことなく現在世代の人々のニーズを満たそうとするならば、取り組むべき課題として社会文化的、経済的、環境的課題が重視される。持続可能性の定義は、基本的にはほとんど同じであるが、様々なものがある。欧州で非常に広く使用されているのはオルボー憲章によるものである。これによると、持続可能な発展の考え方は、制限要因としての自然の環境容量に基礎を置いている。社会的正義は必ず経済的持続可能性と公平性に基づかなければならないが、他方で両者には環境的持続可能性が必要である。（オルボー憲章 I.1を参照）

持続可能性は継続的努力を必要とする過程であり、また地域政策のあらゆる意思決定に影響を与える過程であると認識されている。

（オルボー憲章 I.3参照）

- 長期的な展望と長期目標を持っている。

地域社会がこの一般的な持続可能性の考え方に同意すれば、地域固有の文脈の中で問題に取り組むための過程が始まり、持続可能性に向けた長期的な地域行動計画であるローカルアジェンダ21の立案を目指すことになる。長期という言葉は、21世紀の持続可能な生活について、はっきりとした見通しをつけることを意味する。

・実践志向である。

　明確な目標を設定し、目標に到達するための明確なステップを提示して、単なる一般的な意思表明にとどめないことが、極めて重要である。

・長期的に持続可能な構造の発展を目指している。

　ローカルアジェンダ21は、問題の徴候を短期的視点から解決することではなく、長期的に持続可能な構造（例えば、交通構造、住宅及び社会支援を供給する構造、持続可能性の観点からデザインされた生産と消費の構造）を発展させることを目指している。

Ⅱ　政治文化として
　　ローカルアジェンダは、
・ヴィジョン、発展の方向性、価値、地域社会の未来にとっての基本的決定に関する議論である。

　地方政治家や行政のみが地域社会の持続可能性の理念を明らかにしたり、決定するべきではない。それはより広範な議論の過程の中で行われるべきである。

・社会のすべてのグループとの議論である。

　地域社会の関係するすべてのグループ、特に民間企業部門を議論に参加させることが重要である。これが実現することによってのみ、持続可能性に向かって前進するための長期行動計画が十分に実効性を伴うものとなるだろう。

・コンセンサス形成の原則に基づいている。

　地域社会のすべての関係グループが参加することにより、グループ間の衝突や対立する意見が明らかになるだろう。これらは長期的な目標重視の協働が維持されるならば、解決されるに違いない。たとえ合意形成が多数決よりも困難であるとしても、ローカルアジェンダ21行動計画の実施にあたって、

広範な支持と長期的関与、すべての参加者や市民の支持を確保するためには、合意形成が重要である。

Ⅲ　計画策定プロセスの要素

・「利害関係者グループ」や「ローカルアジェンダ21フォーラム」の設立
社会、経済、環境に関するテーマを統合的なやり方で検討するには、これらのテーマのいずれかに特別な関心を有する、コミュニティ内の様々な団体や組織による協働が必要である。

地域の諸団体は、明確な課題に取り組むだけではなく、政府、民間企業、非政府やインフォーマル部門の様々な力関係や制約に沿った動きをする。自治体は、地域の諸団体の協働を通じた計画策定過程を円滑化するのに好位置を占めている。しかし自治体は自らの法的機能や組織の伝統のために、ローカルアジェンダ21行動計画を独力で実施することはできない。このため統合的なローカルアジェンダ21計画策定手法の最も根本的な要素は、公的な自治体部門と地域社会の他の部門の間に中間団体を設立することである。この「利害関係者グループ」や「ローカルアジェンダ21フォーラム」が中立的な機能を持つことによって、すべての部門と関係グループは持続可能な発展計画の調査、策定、実施に寄与することができるようになる。この団体は、民主主義と代表性の原理に沿った形で立ち上げられるべきである。

・地域社会との協議

市民参加は、ローカルアジェンダ21の成功にとって極めて重要である。というのはローカルアジェンダ21の実施の成否は、長期行動計画の中で設定された目標及び、空間的・社会的意味での生活の場としての地域社会そのものに対して、人々が忠実で帰属意識を持つことにかかっているからである。また、市民参加は意識向上過程や人々の教育にとっても欠かせない。地域社会の持続可能性は、トップダウン的なやり方で押し付けることはできず、地域社会のすべてのメンバーによる貢献を必要とする。このため地域社会の代表

的グループの助けを得て広範な協議を行うことは、計画策定の要素として欠くことができない。協議はニーズを明確なものにし、これが個人及び団体の行動や、様々な参加者が持続可能な発展のために提供することのできる諸資源を決めてゆくことになる。

・基本的な理念とヴィジョンに関する同意

「利害関係者グループ」や「ローカルアジェンダ21フォーラム」設立後の仕事は、プロセス全体の理念的基礎を述べた文章への同意を得ることである。これには、守られるべき原則（行動の理由と方法）や、地域社会の将来像（21世紀の望ましい姿）を表現したヴィジョンを盛り込むべきである。これはローカルアジェンダ21活動の長期的見通しと実践のための共通の基礎となる。この理念やヴィジョンは、持続可能な発展の総合的ヴィジョンを反映したものであるべきである。（前述の「ローカルアジェンダ21は持続可能性を目指している」を参照のこと。）

・将来の地域社会の発展に関する既存の計画と戦略の見直し

既存計画の見直しは、経済的、社会的、環境的発展に対するこれらの長期的影響を考慮に入れて、包括的に行われるべきである。もし部門横断的な計画策定手法がまだ実施されていないならば、この見直しは行政組織の中で部門横断的なやり方で行われるべきである。これによってローカルアジェンダ21を実施する上で重要な、新しい部門横断的な協力構造を行政組織の中に確立することができる。

・持続可能性指標の開発

ローカルアジェンダ21フォーラムや地域社会との協議をふまえて、持続可能性の理念やヴィジョンの観点から、既存計画やプログラム評価に有用で適用可能な一連の指標を作るべきである。いったん長期行動計画の目標に同意が得られれば、指標は行動計画の実施結果のモニターが可能になるように修

正されることもある。

・持続可能な発展／マネジメント監査

人々が期待する生活条件や、個人や組織が共同生活の中で必要とするサービスは、能力に限界があり継続的な整備と投資を必要とする様々な体系を通じて供給される。持続可能な発展／経営監査は、これらの体系（澄んだ空気や水を供給する環境システム、雇用や所得、エネルギーや交通を供給する経済システム、医療や教育、その他の支援を供給する社会システム）の状態についての基準データを提供する。多くの自治体はすでに環境報告／環境監査が慣例になっており、これをより広範囲にわたる実践の基礎とすることができる。
この点に関しては、各体系の原動力を考慮し、起こった問題に対処するよりも体系全体の問題を解決することに、計画策定の焦点を当てることが重要である。

・目標の明示化と優先順位の設定

地域社会が協議してサービスやニーズの確定・優先順位付けを行い、様々な体系のサービス提供能力を評価したならば、ローカルアジェンダ21フォーラムはこれに基づいて持続可能な発展に向けた具体的な目標を決めなければならない。具体的で実践的な目標は、長期行動計画の妥当性と成功のために欠かせない。この目標から導き出された指標を活用することによって、目標達成のモニターと評価ができる。

・報告及び監督メカニズム

当初の状況を明示して具体的な目標を設定することにより、持続可能な発展に向けた進歩を、指標を用いて測定する枠組みができる。進捗状況を測定するために、ローカルアジェンダ21フォーラムの参加者が、発展の傾向を評価し、互いに目標に責任を持ち、組織が自らの活動を報告することや、計画の途中変更を提案できるような枠組みを導入しなければならない。

・地域的観点をグローバルな次元に結びつける。

　既に述べたように、ローカルアジェンダ21の責務は、環境と開発に関するリオ・アジェンダ21文書に盛り込まれている。地域社会は地域における行動、とりわけ自らの生活様式が地球に及ぼす影響を知るべきである。ローカルアジェンダ21という共通基盤の上に発展途上国の自治体とパートナーシップを形成することは、この面で間違いなく役立つだろう。

・地方議会によるローカルアジェンダ21の採択

　ローカルアジェンダ21長期行動計画が有効なものであるためには、地方議会によって採択されることが必須である。これによってはじめて、ローカルアジェンダ21文書は自治体の政策と今後の地域社会の発展の基本文書となる。

出典：
　　Briefing Sheet "Local Agenda 21 Performance Criteria for the "Local Agenda 21 Guidance and Training Programme""
　　Local Agenda 21 Guidance & Training
　　ICLEI
　　European Sustainable Cities & Towns Campaign
　　Supported by European Commission DG XI

第7章　地方行政とローカルアジェンダ21

―ローカルアジェンダ21行政の対外的役割と内部組織

イクレイ日本事務所　訳

地方行政は、
- ローカルアジェンダ21活動過程において中心的な役割を果たす。
- 職員を啓発し、支持を得るために、ローカルアジェンダ21手法と持続可能性の考え方に関する研修を行なうべきである。
- 持続可能性基準を用いて、自らの活動を見直すべきである。
- 活動過程に加わる他の主体（例：民間企業部門）に対して、模範例を提供すべきである。
- ローカルアジェンダ21の部門横断的手法を反映した業務機構を創造すべきである。

地方行政の中心的役割

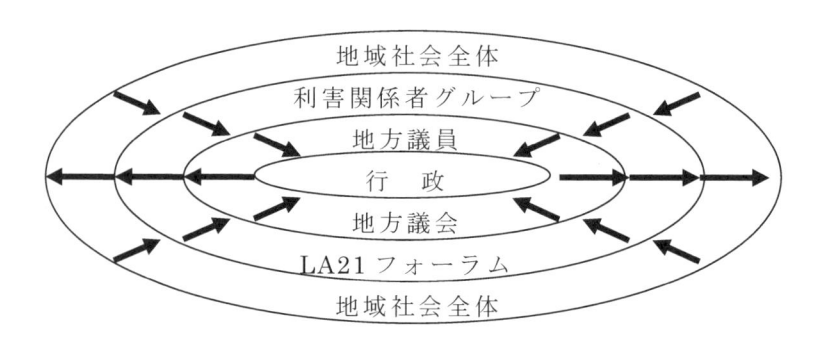

（同心楕円図：外側から）地域社会全体／利害関係者グループ／地方議員／行　政／地方議会／LA21フォーラム／地域社会全体

外部主体に対する行政の役割

原動力としての行政
地方行政は地域政策の執行機関としての強力な地位を利用して、組織内部及びすべての外部パートナーと協力してローカルアジェンダ21活動過程を積極的に推進するべきである。

調整者としての行政
地方行政はローカルアジェンダ21の計画策定過程全体を調整し、また円滑化すべきである。この仕事はすでによく知られて受け入れられている機能や地方行政の日常業務の範囲を超えている。責任はパートナー、とりわけローカルアジェンダ21フォーラム(利害関係者グループ)と共有することもできるが、依然として行政は最も重い責任を負う。このことは行政内部における活動準備だけではなく、行政の公開性や透明性を要求する。すべての活動は、地域行動計画に関する議会の政治的決定に方向付けられるので、よく調整された目標指向の活動過程が絶対に必要である。

政治指導者の支持の重要性
ローカルアジェンダ21活動過程がうまく実施されるかどうかは、常に政治的決定に左右される。それゆえ政治指導者の支持を得ることが絶対的に重要である。行政は、政治指導者や地方議会の議員に情報や提案を提供することで、政治的決定を準備する場合が非常に多い。それゆえ政治指導者と意思決定者が、活動の早い段階で包括的な情報提供を受けていることが重要である。

ローカルアジェンダ21のための内部体制の整備

ローカルアジェンダ21プロセスを成功裡に遂行し、外部主体の信頼を獲得

するには、行政全体の支援と関与が必要である。また自治体の業務構造に、ローカルアジェンダ21の部門横断的手法を反映させるべきである。
必要な動機付けと業務構造を提供するために、多くの方法が採用可能である。

内部研修

自治体職員を啓発し、動機づけを与えるには、持続可能性の考え方とローカルアジェンダ21手法に関する体系的な内部研修（パンフレット、講演、ワークショップ、セミナー、特定日のキャンペーン）が役立つ。公開討論は対立した見方を明らかにし、乖離した意見を統合し、取り組みを推進する機運を生み出すのに役立つ。これは行政が能力を構築し、外部主体の期待に応えるのにふさわしい存在になるためにも役立つ。

内部キャンペーンとコンペ

行政の活動をより持続可能なものにするための内部キャンペーンは、職員に積極的で実践的な参加の機会を提供する。さらに、職員参加は活動過程全体の目標についての職員の理解をより明確なものにする。職場の持続可能性を高めるための職員キャンペーン（ヘルシンキ市）や、行政や地域社会をより持続可能なものにするためのアイデアを募集する内部コンペ等の方法がある。

自治体の活動を見直すための EMAS 或いは SMAS の活用

改善を必要とする分野を識別し、自治体がローカルアジェンダ21活動の他の参加者、特に民間企業部門の模範になるために、環境（持続可能性）管理監査システム（EMAS、SMAS）を活用して、自治体の活動やサービス提供体系の持続可能性評価を行うことも効果的であろう。これによって、多数の人々が持続可能性という新しい考え方と地域社会の目指す新しい目標に向き合い、積極的に参加する機会が与えられる。

行政内部における部門横断的手法の組織化

自治体行政や広域行政は国毎に異なる形で組織されているので、組織づくりは一般的にしか取り扱えない。基本的に、ローカルアジェンダ21を行なうことは、地方行政の中にローカルアジェンダ21の部門横断的手法を反映した業務構造ができることを意味する。持続可能性という考え方や、体系的で相互依存的な複雑な問題に取り組むことができるよう、行政は部門横断的な協力と意思決定を可能にするべく構造を適応させる必要がある。自治体内部のすべての関連する決定を調整し、外部主体との協力を円滑化する、ローカルアジェンダ21活動のための事務局又は枠組みを導入するべきである。

調整機能の組織化にはいくつかの選択肢があり、常に地域構造や人々や状況に左右されるが、どの選択肢にも賛否両論がある。

ローカルアジェンダ21プロセスの内部的・外部的調整を配置する選択肢

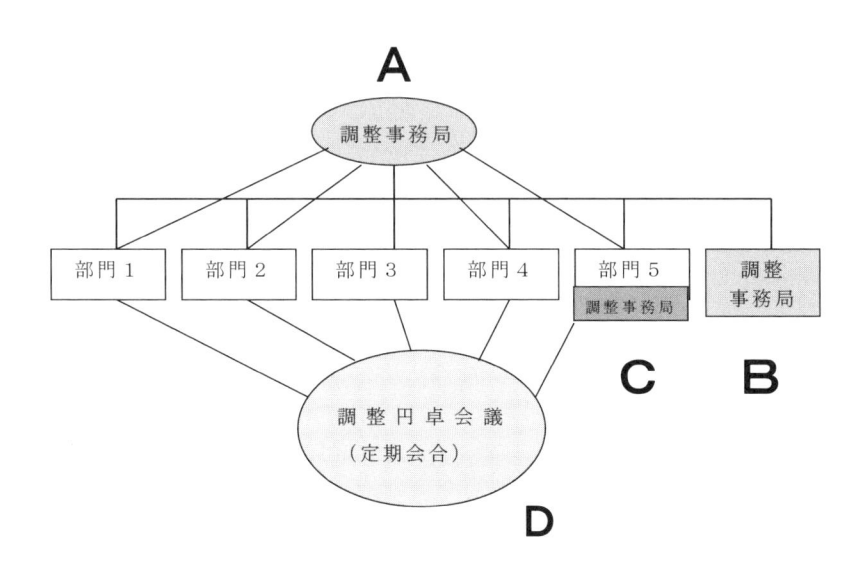

選択肢A

既存部署への機能付与、もしくは新規設置の形で、調整機能を、各部局に命令を出す権限を持った本部に位置付ける。この場合、自治体の政治指導者から非常に近いところで活動全体が行なわれることになる。
・賛成：研修と啓発対策を組み合わせることで、ローカルアジェンダ21への非常に効果的手段となるだろう。
　　　　外部主体との効果的調整が可能。
・反対：法令の使用は、合意形成志向を危険にさらすかもしれない。

選択肢B

調整事務局を他の部局と同レベルに設立する。選択肢Dとの積極的な組み合わせが可能。
・賛成：より強くパートナーシップと協力を志向している。
・反対：調整事務局は、各部局の活発で自発的な協力により大きく依存している。協力を強制する力はなく、権力争いに陥る可能性がある。

選択肢C

調整機能を、1部局（多くの場合、環境に責任を有する部局）内部に位置づける。Dとの組み合わせは確実な効果を生み出す。
・賛成：おそらく調整事務局を設置するのに最も安価で容易な方法である。
・反対：この方法はかなり弱体で、既存の構造と日常業務の枠の中で全体的に運営されるため、部局間の権力争いを引き起こしやすい。

選択肢D

円卓方式も同様に、関連部局がローカルアジェンダ21を推進し、他部局と権限と力を共有しようとする意思に非常に強く依存している。B及びCと組

み合わせ可能。
- ・賛成：利害関係者グループのフォーラムを強く反映し、肯定的に働く限りにおいては良好な選択である。
- ・反対：対立と権力争いがあると、問題が起こる可能性がある。独立した事務局や人によって組織されていない場合は、外部主体との調整は一層困難となるかもしれない。

出典：
Briefing Sheet "Local Administration and LA21 External Role and Internal Organisation of the Administration for a LA21"
Local Agenda 21 Guidance & Training
ICLEI
European Sustainable Cities & Towns Campaign
Supported by European Commission DG XI

第8章　フューチャー・サーチ会議
―自治体のための市民参加手法

イクレイ日本事務所　訳

はじめに

　多くの自治体が、いかに地域社会をローカルアジェンダ21活動過程に効果的に巻き込み、助言を得、継続的な関与とパートナーシップを確立するかという課題に取り組んでいる。

　非常に多くの市民参加手段がある中でフューチャー・サーチ会議は、複雑な問題の解決と合意形成の目的のために、最もうまく設計された手法のひとつであるという評価を得ている。しかしフューチャー・サーチ会議も万能ではなく、すべての市民参加手法（古いものも新しいものも含めて）と同様、適切な活用には注意が必要である。

1　フューチャー・サーチ会議とは？

　フューチャー・サーチ会議は、多様な経歴と職業の中から慎重に選ばれた64名の地域の利害関係者の参加による、決まった議題についての3日間の会議形式をとる。訓練を受けたファシリテーター2名が、地域社会の将来ヴィジョンを共有するための一連の作業グループと、いくつかの関連行動グルー

プのガイド役となる。同意が得られず対立のある分野は「解決されなかった対立」として認知されるが、会議中冗長に議論することはない。

その意味においてこの会議モデルは、すでに存在し、会議の参加者が互いを知り、信頼し、理解するようになるにつれて拡大する共通基盤を確認することを狙いとしている。フューチャー・サーチ会議は、様々な領域にまたがる地域の利害関係者グループの手で、アジェンダ21行動計画の策定過程をボトムアップ方式によって作りあげようとするものである。

フューチャー・サーチモデルは、ローカルアジェンダ21プロセスにおいて2通りに活用されてきた。
・全ての活動の出発点となるローカルアジェンダ21の開始イベントとして事業者、環境運動家、保健部門、青少年といった、あらゆる領域にまたがる地域の利害関係者の中心人物を集めるもの。
・住宅のような具体的なテーマを持つ会議としてその問題に利害関係のある全ての人々（住宅組合、ホームレス、建築家など）を集めるもの。

2　なぜフューチャー・サーチ手法を活用するか？

・創造性を刺激し、多様な利害関係者グループの境界を越えた対話と学習を促すため。
・ネットワークとパートナーシップ構築の機会を提供するため。
・行動過程継続への熱意を作りだし、人々の地域社会への関与を強固なものとするため。

3　フューチャー・サーチ会議の基本要素

・全体システム手法

結果に対して利害関係を持つ全ての人々による貢献と積極的関与が、実行可能な解決法を生み出すという信念が、フューチャー・サーチ会議の基礎である。それゆえ、フューチャー・サーチ会議の中心原則は、会議室の中に「システム全体」を集めること、すなわち、地域社会の全ての視点が提示されることを保証することである。また主要な意思決定者グループが、この会議に参加する必要がある。彼らはいかなる地域変化の過程にも加わる必要があるからである。運営しやすいグループの大きさを保つため、8つの利害関係者グループが、各グループを構成する8人の代表者とともに、計画策定グループによって選ばれる。

・個人の責任

　しかしながら、参加者はあるグループの代表者というよりむしろ、個人的な夢、希望、不安をもった人間として参加することが求められる。会議は、与えられた任務の中で小規模のグループが最大限自主的に運営できるようデザインされている。会議は、一般的に何が望ましいかではなく、人々が何を考え、感じ、欲するのかに焦点を当てる。

・全ての視点が認められる

　成功するために重要な条件の第3は、参加者が述べる全ての視点が説明カードに記され、等しく尊重されることである。

・共通基盤への注目

　参加者は、多様な視点が出る結果生じる複雑さと不確実性に耐え、思いがけない打開に導くためのエネルギー源として、自らの不安を解決策へのひとつの手がかりとして活用するよう励まされる。混乱をくぐり抜ける方法は、対立と問題点ではなく、共通基盤に注目することである。

・2回の「睡眠」

　会議を終える前に、参加者に2回の「睡眠」を認めることが、極めて重要であると考えられている。これにより、新しい印象や考え方が深く染み込んでいくからである。

4　フューチャー・サーチ会議の２つの要点

・時間

最低6ヶ月の準備期間（政治的サポートの確保、フューチャー・サーチ進行のためのコンサルタントの雇用或いは職員の養成、部門横断的な運営グループの形成、参加者の募集、開催準備）

・費用

会場やファシリテーターの労働時間が無償で提供された場合は最低2500ポンド。訓練を受けたファシリテーター等の費用を含めた現実的な予算は１万ポンド。会場を予約したり、スタッフに給与を支払う必要がある場合はさらに多くの費用を要する。

5　フューチャー・サーチ会議の準備

フューチャー・サーチ会議の準備過程は、次のようなものである：
・先頭に立ち指導力を発揮する個人またはグループの巻き込み。
・政治的支持の確保と、ローカルアジェンダ21担当職員のような行政内部でカギになる人物の巻き込み。
・透明性を確保しながら、地域社会のあらゆる部門のメンバーから成る運営グループの設立。
・フューチャー・サーチ会議が扱うテーマと地理的な範囲の決定と、8つの利害関係者グループの決定。
・会議の目的を明確にし、透明なやり方で、各利害関係者グループの参加者を募集。
・会議の準備（採光窓のある広い部屋、8つの円卓、整った音響設備等。）
・マスメディアへの通知と、参画要請。

6 3日間の会議での検討内容

フューチャー・サーチ会議の参加者は、3日間のうちに次の作業を完了する。

1）　過去の再検討
各参加者は、過去数十年の間に起こった個人の生活、地域社会の展開及び世界における主要な出来事を、3つの時系列を表した紙の上に書き出し、全員が出席する部屋におく。混合の小グループは、時間軸に沿って、或いは時間軸を越えて検討したテーマやパターンを全体会議に報告する。

2）　現在の探求
大グループは、現在の地域社会に影響を与えているすべての傾向について、意見を出し合うよう求められる。参加者は、これらを大きな紙の上にマインドマップの形式で書き出す。同じ利害関係にある小グループは、彼らにとって重要な傾向を分析し、これらの傾向に関して、自らの行動の中で誇るべきことと反省すべきことを共有する。

3）　理想の将来シナリオの創出
混合の小グループは、地域社会の理想の将来シナリオについて意見を出し合う。彼らは、目標に達するために乗り越えるべき障害を見極め、彼らのヴィジョンを達成するための創造的な方法を見つけ、大グループに報告する。

4）　共有ヴィジョンの模索
将来シナリオを作成した小グループのうち、2つのグループが一緒になり、互いに同意可能な将来ヴィジョンと、取りうる行動を見出すと同時に、解決できない問題をリストにする。グループは拡大を続けていき、最後に全員参加した上での議論により、全員が同意できる共通事項と解決できない問題を区別する。

5）　行動計画の作成
最後のセッションで明確になった、実行可能な行動に関して、参加者同士

が行動グループを作る。目的遂行のための作業を達成するために、どのような支援体制を作り、公的にも関与して行くかを正確に記述する。

7　フューチャー・サーチ会議の成功と失敗の要因

ロンドンのニュー・エコノミクス・ファンデーションが1996年に実施した調査によると、フューチャー・サーチ会議を成功させる上での助けとなったのは次のような状況である：
・フューチャー・サーチ会議のテーマが、地域社会での優先度の高いものである。
・フューチャー・サーチ会議を、ローカルアジェンダ21に係わる既存のネットワークの上に築くことができる。
・影響力を持ち、広く尊敬を集める人物が、フューチャー・サーチ会議の成功に努力する。
・自治体が、フューチャー・サーチ会議の主唱者を信頼している。
・自治体職員が、旧来の計画手法に不満を持っている。
・地域の政党が、地域社会のガバナンスの価値を認め、市民参加の実験を奨励している。

フューチャー・サーチ会議で遂行できないのは次のようなことである：
・妥協を妨げる根深い価値観の対立の中で作業を行ったり、その対立を調停することはできない。
・新しい参加者を加えることなく、あるグループの基本的前提や行動を変えることはできない。
・人々の関与なしで作成された計画の責任を、人々に取らせることはできない。

同じ調査によれば、フューチャー・サーチ会議を妨げたのは、次のような

要因である：
- 地域社会の無関心、無気力。
- ローカルアジェンダ21担当職員、評議員、或いは最高責任者の交代は、指導力の欠如とフューチャー・サーチ会議準備の中断を生み出す。
- 自治体が積極的に関与しない。
- 自治体があまりにも短い期間での実行を押し付ける。
- 慣れ合いの地域権力者のネットワークが、現状維持を擁護する。
- 指名された運営グループが、フューチャー・サーチ会議のコンセプトに不慣れである。

出典：
Briefing Sheet "Future Search Conference"
Local Agenda 21 Guidance & Training
ICLEI
European Sustainable Cities & Towns Campaign
Supported by European Commission DG XI

参考文献：
Marvin Weisbord and Sandra Janoff (1995): Future search. An Action Guide to Finding Common Ground in Organisations & Communities. Berrett-Koehler Publishers: San Franscisco
Facilitator Training organised by the network of future search practitioners called SearchNet. Contact address: Resources for Human Development Inc., 4333 Kelly Drive, Philadelphia, PA 19129, USA, Tel. 001-800-9516333

「地域ガバナンスシステム・シリーズ」発行にあたって

日本は明治維新以来百余年にわたり、西欧文明の導入による近代化を目指して国家形成を進めてきました。しかし今日、近代化の強力な推進装置であった中央集権体制と官僚機構はその歴史的使命を終え、日本は新たな歴史の段階に入りつつあります。

時あたかも、国と地方自治体との間の補完性を明確にし、地域社会の自己決定と自律を基礎とする地方分権一括法が世紀の変わり目の二〇〇〇年に施行されて、中央集権と官主導に代わって分権と官民協働が日本社会の基本構造になるべきことが明示されました。日本は今、新たな国家像に基づく社会の根本的な構造改革を進める時代に入ったのです。

しかしながら、百年余にわたって強力なシステムとして存在してきたガバメント(政府)に依存した社会運営を、主権者である市民と政府と企業との協働を基礎とするガバナンス(協治)による社会運営に転換させることは容易に達成できることではありません。特に国の一元的支配と行政主導の地域づくりによって二重に官依存を深めてきた地域社会においては、各部門の閉鎖性を解きほぐし協働型の地域社会システムを主体的に創造し支える地域公共人材の育成や地域社会に根ざした政策形成のための、新たなシステムの構築が決定的に遅れていることに私たちは深い危惧を抱いています。

本ブックレット・シリーズは、ガバナンス(協治)を基本とする参加・分権型地域社会の創出に寄与し得る制度を理念ならびに実践の両面から探求し確立するために、地域社会に関心を持つ幅広い読者に向けて、様々な関連情報を発信する場を提供することを目的として刊行するものです。

二〇〇五年三月

龍谷大学　地域人材・公共政策開発システム
オープン・リサーチ・センターセンター長　富野　暉一郎

地域ガバナンスシステム・シリーズ No. 4
持続可能な都市自治体づくりのためのガイドブック

2007年11月15日 初版発行　　定価（本体1,100円＋税）

企　　画	龍谷大学地域人材・公共政策開発システム オープン・リサーチ・センター（LORC） http://lorc.ryukoku.ac.jp
編　　集	白石克孝・イクレイ日本事務所
発　行　人	武内　英晴
発　行　所	公人の友社 〒112-0002　東京都文京区小石川5－26－8 ＴＥＬ 03-3811-5701 ＦＡＸ 03-3811-5795 Ｅメール koujin@alpha.ocn.ne.jp http://www.e-asu.com/koujin/

自治体再構築

松下圭一（法政大学名誉教授）　定価 2,800 円

- 官治・集権から自治・分権への転型期にたつ日本は、政治・経済・文化そして軍事の分権化・国際化という今日の普遍課題を解決しないかぎり、閉鎖性をもった中進国状況のまま、財政破綻、さらに「高齢化」「人口減」とあいまって、自治・分権を成熟させる開放型の先進国状況に飛躍できず、衰退していくであろう。
- この転型期における「自治体改革」としての〈自治体再構築〉をめぐる 2000 年～2004 年までの講演ブックレットの総集版。

1　自治体再構築の市民戦略
2　市民文化と自治体の文化戦略
3　シビル・ミニマム再考
4　分権段階の自治体計画づくり
5　転型期自治体の発想と手法

社会教育の終焉 [新版]

松下圭一（法政大学名誉教授）　定価 2,625 円

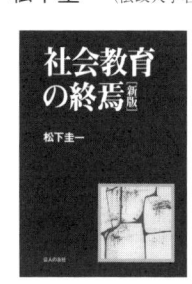

- 86年の出版時に社会教育関係者に厳しい衝撃を与えた幻の名著の復刻・新版。
- 日本の市民には、〈市民自治〉を起点に分権化・国際化をめぐり、政治・行政、経済・財政ついで文化・理論を官治・集権型から自治・分権型への再構築をなしえるか、が今日あらためて問われている。

序章　日本型教育発想
Ⅰ　公民館をどう考えるか
Ⅱ　社会教育行政の位置
Ⅲ　社会教育行政の問題性
Ⅳ　自由な市民文化活動
終章　市民文化の形成　　　あとがき　　　新版付記

[新版] 自治体福祉政策　計画・法務・財務

加藤良重（法政大学兼任講師）　定価 2,730 円

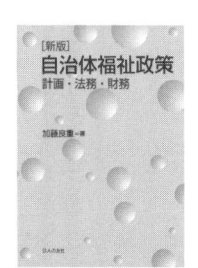

自治体の位置から出発し、福祉環境の変化を押さえて、政策の形成から実現までを自治体計画を基軸に政策法務および政策財務を車の両輪として展開した、現行政策・制度のわかりやすい解説書。

第 1 章　自治体と福祉環境の変化
第 2 章　自治体政策と福祉計画
第 3 章　自治体福祉法務
第 4 章　自治体福祉財務
第 5 章　自治体高齢者福祉政策
第 6 章　自治体子ども家庭福祉政策
第 7 章　自治体障害者福祉政策
第 8 章　自治体生活困窮者福祉政策
第 9 章　自治体健康政策

政策・法務基礎シリーズ
――東京都市町村職員研修所編

No.9 政策財務の考え方
加藤良重 1,000円

No.10 市場化テストをいかに導入するべきか ～市民と行政
竹下譲 1,000円

朝日カルチャーセンター 地方自治講座ブックレット

No.1 自治体経営と政策評価
山本清 1,000円

No.2 ガバメント・ガバナンスと行政評価システム
星野芳昭 1,000円

No.4 政策法務は地方自治の柱づくり
辻山幸宣 1,000円

No.5 政策法務がゆく
北村喜宣 1,000円

No.1 これだけは知っておきたい自治立法の基礎
600円［品切れ］

No.2 これだけは知っておきたい政策法務の基礎
800円

都市政策フォーラムブックレット
（首都大学東京・都市教養学部 都市政策コース 企画）

No.1 「新しい公共」と新たな支え合いの創造へ――多摩市の挑戦――
首都大学東京・都市政策コース
900円

シリーズ「生存科学」
（東京農工大学生存科学研究拠点 企画・編集）

No.2 再生可能エネルギーで地域がかがやく
――地産地消型エネルギー技術――
秋澤淳・長坂研・堀尾正靱・小林久著
1,100円

No.4 地域の生存と社会的企業
――イギリスと日本とのひかくをとおして――
柏雅之・白石克孝・重藤さわ子
1,200円

No.5 地域の生存と農業知財
澁澤栄／福井隆／正林真之
1,000円

No.6 風の人・土の人
――地域の生存とNPO――
千賀裕太郎・白石克孝・柏雅之・福井隆・飯島博・曽根原久司・関原剛
1,400円

No.24 男女平等社会の実現と自治体の役割
山梨学院大学行政研究センター
1,200円

No.25 市民がつくる東京の環境・公害条例
市民案をつくる会 1,000円

No.26 東京都の「外形標準課税」はなぜ正当なのか
青木宗明・神田誠司 1,000円

No.27 少子高齢化社会における福祉のあり方
山梨学院大学行政研究センター
1,200円

No.28 財政再建団体
橋本行史 1,000円 [品切れ]

No.29 交付税の解体と再編成
高寄昇三 1,000円

No.30 町村議会の活性化
山梨学院大学行政研究センター
1,200円

No.31 地方分権と法定外税
外川伸一 800円

No.32 東京都銀行税判決と課税自主権
高寄昇三 1,000円

No.33 都市型社会と防衛論争
松下圭一 900円

No.34 中心市街地の活性化に向けて
山梨学院大学行政研究センター
1,100円

No.35 自治体企業会計導入の戦略
西尾勝 1,100円

No.36 行政基本条例の理論と実際
神原勝・佐藤克廣・辻道雅宣
1,200円

No.37 市民文化と自治体文化戦略
松下圭一 800円

No.38 まちづくりの新たな潮流
山梨学院大学行政研究センター
1,200円

No.39 ディスカッション・三重の改革
中村征之・大森彌 1,200円

No.40 政務調査費
宮沢昭夫 1,200円

No.41 市民自治の制度開発の課題
山梨学院大学行政研究センター
1,100円

No.42 《改訂版》自治体破たん・「夕張ショック」の本質
橋本行史 1,200円

No.43 分権改革と政治改革 ～自分史として
西尾勝 1,200円

No.44 自治体人材育成の着眼点
浦野秀一・井澤壽美子・野田邦弘・西村浩二・三関浩司・杉谷知也・坂口正治・田中富雄 1,200円

No.45 障害年金と人権
 ―代替的紛争解決制度と大学・専門集団の役割―
橋本宏子・森田明・湯浅和恵・池原毅和・青木久馬・澤静子・佐々木久美子 1,400円

TAJIMI CITY ブックレット

No.2 転型期の自治体計画づくり
松下圭一 1,000円

No.3 これからの行政活動と財政
西尾勝 1,000円

No.4 構造改革時代の手続的公正と第2次分権改革
 手続的公正の心理学から
鈴木庸夫 1,000円

No.5 自治基本条例はなぜ必要か
辻山幸宣 1,000円 [品切れ]

No.6 自治のかたち法務のすがた
 政策法務の構造と考え方
天野巡一 1,100円

No.7 自治体再構築における行政組織と職員の将来像
今井照 1,100円

No.8 持続可能な地域社会のデザイン
植田和弘 1,000円

《平成17年度》

No.107 公共をめぐる攻防～市民的公共性を考える
樽見弘紀 600円

No.108 三位一体改革と自治体財政
岡本全勝・山本邦彦・北良治・逢坂誠二・川村喜芳 1,000円

No.109 連合自治の可能性を求めて サマーセミナーin奈井江
松岡市郎・堀ון文・三本英司・佐克廣・砂川敏文・北 良治 他 1,000円

No.110 「市町村合併」の次は「道州制」か
高橋彦芳・北良治・脇紀美夫・碓井直樹・森啓 1,000円

No.111 コミュニティビジネスと建設帰農
松本懋・佐藤吉彦・橋場利夫・山北博明・飯野政一・神原勝 1,000円

《平成18年度》

No.112 「小さな政府」論とはなにか
牧野富夫 700円

No.113 栗山町発・議会基本条例
橋場利勝・神原勝 1,200円

No.114 北海道の先進事例に学ぶ
宮谷内留雄・安斎保・見野全・佐藤克廣・神原勝 1,000円

No.115 地方分権改革のみちすじ ―自由度の拡大と所掌事務の拡大―
西尾 勝 1,200円

地方自治ジャーナルブックレット

No.2 政策課題研究の研修マニュアル
首都圏政策研究・研修研究会 1,359円 【品切れ】

No.3 使い捨ての熱帯林
熱帯雨林保護法律家リーグ 971円

No.4 自治体職員世直し志士論
村瀬誠 971円

No.5 行政と企業は文化支援で何ができるか
日本文化行政研究会 1,166円

No.7 パブリックアート入門
竹田直樹 1,166円 【品切れ】

No.8 市民的公共と自治
今井照 1,166円 【品切れ】

No.9 ボランティアを始める前に
松下圭一他 1,456円

No.10 ボランティアを始める前に
佐野章二 777円

No.11 自治体職員の能力
自治体職員能力研究会 971円

No.12 パブリックアートは幸せか
山岡義典 1,166円

No.13 市民がになう自治体公務
パートタイム公務員論研究会 1,359円

No.14 行政改革を考える
加藤良重 1,166円

No.15 上流文化圏からの挑戦
山梨学院大学行政研究センター 1,166円

No.16 議会と議員立法
上田章・五十嵐敬喜 1,600円

No.17 分権段階の自治体と政策法務
上田章他 1,456円

No.18 地方分権と補助金改革
高寄昇三 1,200円

No.19 分権化時代の広域行政
山梨学院大学行政研究センター 1,200円

No.20 あなたのまちの学級編成と
1,200円

No.21 地方分権
田嶋義介 1,200円

No.22 自治体も倒産する
加藤良重 1,000円

No.23 ボランティア活動の進展と自治体の役割
山梨学院大学行政研究センター 1,200円

新版・2時間で学べる「介護保険」
加藤良重 800円

No.5 市民自治と直接民主制
高寄昇三 951円

No.62 機能重視型政策の分析過程と財務情報
宮脇淳 800円

No.63 自治体の広域連携
佐藤克廣 900円

No.64 分権時代における地域経営
見野全 700円

No.65 町村合併は住民自治の区域の変更である。
森啓 800円

No.66 自治体学のすすめ
田村明 900円

No.67 市民・行政、議会のパートナーシップを目指して
松山哲男 700円

No.69 新地方自治法と自治体の自立
井川博 900円

No.70 分権型社会の地方財政
神野直彦 1,000円

No.71 自然と共生した町づくり 宮崎県・綾町
森山喜代香 700円

No.72 情報共有と自治体改革 ニセコ町からの報告
片山健也 1,000円

《平成13年度》

No.73 地域民主主義の活性化と自治体改革
神原勝 1,100円

No.74 分権は市民への権限委譲
上原公子 1,000円

No.75 今、なぜ合併か
瀬戸亀男 800円

No.76 市町村合併をめぐる状況分析
小西砂千夫 800円

No.78 ポスト公共事業社会と自治体政策
五十嵐敬喜 800円

No.80 自治体人事政策の改革
森啓 800円

《平成14年度》

No.82 地域通貨と地域自治
西部忠 900円

No.83 北海道経済の戦略と戦術
宮脇淳 800円

No.84 地域おこしを考える視点
矢作弘 700円

No.87 北海道行政基本条例論
神原勝 1,100円

No.90 自治体の政策形成力
森啓 800円

No.91 協働のまちづくり 三鷹市の様々な取組みから
秋元政三 700円

No.92 シビル・ミニマム再考 ベンチマークとマニフェスト
松下圭一 900円

No.93 市町村合併の財政論
高木健二 800円

No.95 市町村行政改革の方向性 ～ガバナンスとNPMのあいだ
佐藤克廣 800円

《平成15年度》

No.96 創造都市と日本社会の再生
佐々木雅幸 800円

No.97 地方政治の活性化と地域政策
山口二郎 800円

No.98 多治見市の政策策定と政策実行
西寺雅也 800円

No.99 「協働」の思想と体制
森啓 700円

No.100 自治体再構築の市民戦略
松下圭一 900円

No.101 維持可能な社会と自治～『公害』から『地球環境』へ
宮本憲一 900円

No.102 道州制の論点と北海道
佐藤克廣 1,000円

No.103 自治体基本条例の理論と方法
神原勝 1,100円

No.104 働き方で地域を変える ～フィンランド福祉国家の取り組み
山田眞知子 800円

No.25 自治体の施策原価と事業別予算
小口進一 600円

No.26 地方分権と地方財政
横山純一 [品切れ]

《平成10年度》

No.27 比較してみる地方自治
田口晃・山口二郎 [品切れ]

No.28 議会改革とまちづくり
森啓 400円

No.29 自治の課題とこれから
逢坂誠二 [品切れ]

No.30 内発的発展による地域産業の振興
保母武彦 [品切れ]

No.31 地域の産業をどう育てるか
金井一頼 600円

No.32 金融改革と地方自治体
宮脇淳 600円

No.33 ローカルデモクラシーの統治能力
山口二郎 400円

No.34 政策立案過程への「戦略計画」手法の導入
佐藤克廣 [品切れ]

No.35 98サマーセミナーから「変革の時」の自治を考える
宮本憲一 1,100円 [品切れ]

No.36 地方自治のシステム改革
辻山幸宣 [品切れ]

No.37 分権時代の政策法務
礒崎初仁 [品切れ]

No.38 地方分権と法解釈の自治
兼子仁 [品切れ]

No.39 市民的自治思想の基礎
今井弘道 500円

No.40 自治基本条例への展望
辻道雅宣 [品切れ]

No.41 少子高齢社会と自治体の福祉法務
加藤良重 400円

《平成11年度》

No.42 改革の主体は現場にあり
佐藤克廣 1,000円

No.43 自治と分権の政治学
鳴海正泰 1,100円

No.44 公共政策と住民参加
宮本憲一 1,100円

No.45 地方自治を実現するために法が果たすべきこと
木佐茂男 [未刊]

No.46 農業を基軸としたまちづくり
小林康雄 800円

No.47 これからの北海道農業とまちづくり
篠田久雄 800円

No.48 自治の中に自治を求めて
佐藤守 1,000円

No.49 介護保険は何を変えるのか
池田省三 1,100円

No.50 介護保険と広域連合
大西美雄 1,000円

No.51 自治体職員の政策水準
森啓 1,100円

No.52 分権型社会と条例づくり
篠原一 1,000円

No.53 自治体における政策評価の課題
佐藤克廣 1,000円

No.54 小さな町の議員と自治体
室崎正之 900円

No.55 地方自治を実現するために法が果たすべきこと
木佐茂男 [未刊]

No.56 改正地方自治法とアカウンタビリティ
鈴木庸夫 1,200円

No.57 財政運営と公会計制度
宮脇淳 1,100円

No.58 自治体職員の意識改革を如何にして進めるか
林嘉男 1,000円 [品切れ]

《平成12年度》

No.59 環境自治体とISO
畠山武道 700円

No.60 転型期自治体の発想と手法
松下圭一 900円

No.61 分権の可能性 スコットランドと北海道
山口二郎 600円

地域ガバナンスシステム・シリーズ
（龍谷大学地域人材・公共政策開発システム オープン・リサーチ・センター企画・編集）

No.1 地域人材を育てる自治体研修改革
土山希美枝　900円

No.2 公共政策教育と認証評価システム―日米の現状と課題―
坂本勝　編著　1,100円

No.3 暮らしに根ざした心地良いまち
野呂昭彦・逢坂誠二・関原剛・吉本哲郎・白石克孝・堀尾正靫　1,100円

No.4 持続可能な都市自治体づくりのためのガイドブック
「オルボー憲章」「オルボー誓約」翻訳所収
白石克彦・レクレイ日本事務所編　1,100円

北海道自治研ブックレット

No.1 市民・自治体・政治
再論・人間型としての市民
松下圭一　1,200円

地方自治土曜講座ブックレット

《平成7年度》

No.1 現代自治の条件と課題
神原勝　[品切れ]

No.2 自治体の政策研究
森啓　600円

No.3 現代政治と地方分権
山口二郎　[品切れ]

No.4 行政手続と市民参加
畠山武道　[品切れ]

No.5 成熟型社会の地方自治像
間島正秀　[品切れ]

《平成8年度》

No.6 自治体法務とは何か
木佐茂男　[品切れ]

No.7 自治と参加アメリカの事例から
佐藤克廣　[品切れ]

No.8 政策開発の現場から
小林勝彦・大石和也・川村喜芳　[品切れ]

No.9 まちづくり・国づくり
五十嵐広三・西尾六七　[品切れ]

No.10 自治体デモクラシーと政策形成
山口二郎　[品切れ]

No.11 自治体理論とは何か
森啓　[品切れ]

No.12 池田サマーセミナーから
間島正秀・福士明・田口晃　[品切れ]

No.13 憲法と地方自治
中村睦男・佐藤克廣　[品切れ]

No.14 まちづくりの現場から
斎藤外一・宮嶋望　[品切れ]

《平成9年度》

No.15 環境問題と当事者
畠山武道・相内俊一　[品切れ]

No.16 情報化時代とまちづくり
千葉純・笹谷幸一　[品切れ]

No.17 市民自治の制度開発
神原勝　[品切れ]

No.18 行政の文化化
森啓　[品切れ]

No.19 政策法学と条例
阿倍泰隆　[品切れ]

No.20 政策法務と自治体
岡田行雄　[品切れ]

No.21 分権時代の自治体経営
北良治・佐藤克廣・大久保尚孝　[品切れ]

No.22 地方分権推進委員会勧告とこれからの地方自治
西尾勝　500円

No.23 産業廃棄物と法
畠山武道　[品切れ]

「官治・集権」から
「自治・分権」へ

市民・自治体職員・研究者のための
自治・分権テキスト

《出版図書目録》

公人の友社

112-0002　東京都文京区小石川 5 － 26 － 8
TEL　03-3811-5701
FAX　03-3811-5795
メールアドレス　koujin@alpha.ocn.ne.jp

●ご注文はお近くの書店へ
　小社の本は店頭にない場合でも、注文すると取り寄せてくれます。
　書店さんに「公人の友社の『〇〇〇〇』をとりよせてください」とお申し込み下さい。5日おそくとも10日以内にお手元に届きます。
●直接ご注文の場合は
　電話・ＦＡＸ・メールでお申し込み下さい。(送料は実費)
　　TEL　03-3811-5701　FAX　03-3811-5795
　　メールアドレス　koujin@alpha.ocn.ne.jp
（価格は、本体表示、消費税別）